最強のクスリ絵

高次元カタカムナとカタカムナ天使文字

医学博士 丸山修寛

カタカムナを伝えてくださった
楢崎皐月氏や宇野多美恵さん、
多くのカタカムナ研究者に感謝を込めて

本書は、医師である丸山修寛氏の研鑽と発見によるカタカムナの解説書です。カタカムナによって生まれる医療的効果は、著者の私見であり、現代医学では証明されていない仮説です。

本書に収められたやり方で、これで○○が治ると言うと医師法違反に問われることがあります。基本的に、ここに書かれていることは、個人で使う分には問題がありません。また、カタカムナ関連の物品によって病気が治るなどと言って、科学的に証明されていないことを、誇大表現を使って宣伝、販売すると、景品表示法違反に問われることがあります。皆さまに多大な迷惑がかかることもありますので、ご注意いただけますようお願い申し上げます。

本書の効果や解説につきましては、読者各位の責任においてご活用ください。

編集部

はじめに

超古代の最新科学を使うと奇跡が起こる

一瞬で症状が消えるカタカムナの魅力

ガンや難病など現代医学で治りにくい病気を抱えた人に、カタカムナ医学を伝えたい、その一心でこの本を書いています。

超古代の叡智《えいち》「カタカムナ」には、あらゆる宇宙の法則が書かれています。文献に記されているカタカムナウタヒは、文章が縦や横ではなく、渦状に書かれており、世界に類を見ないものです。これまでの研究や症例から、この文字の形や渦状に書かれたウタヒの持つ力を一言でいうと、人の病気を原子レベルで治してしまう方法だということ、この事実に間違いありません。

私は、この超古代の文字、カタカムナをベースにした治療法、健康法を「カタカムナ医学」と呼び、医療の一つとして診療に使って成果をあげています。カタカムナ医学があらゆる症状や病気に効果を発揮する様子は、実際に治療に携わる私も驚くほどです。特に、軽い症状ならカタカムナを使うと一瞬で消えるところが気に入っています。たとえ一瞬で症状が消えなくても、ガンによる頑固な痛みが消え、元気を取り戻すことができます。ステージ4の重症なガンがすべて治るわけではありませんが、ほとんどの患者さんのADL（Activisies of Daily Living／日常生活動作）値が改善します。抗ガン剤による副作用が緩和することもあります。関節リウマチの人は、痛みが30分で半減し、身体のだるさが消えました。多発性筋炎の痛みや原因不明の痛みも消えました。ヘバーデン結節の人は痛みとともに腫れが消えました。頭や顔から汁がしたたり落ちるほどのひどいアトピー性皮膚炎も、かゆみが減り、皮膚症状が劇的に改善しました。何十年も続いた頭痛はほとんどクスリを使わなくてもよいくらいに癒《いえ》る場合もあります。また、難治性のぎっくり腰や冷え症も改善する場合があります。

なぜカタカムナが改善をもたらすのか？

現代医学をもってしても癒えない症状や病気が、なぜカタカムナ医学によって改善されるのか。それは、カタカムナ医学が生命エネルギーを人に供給できるからであり、これは現代医学では決してできないことだからです。人の身体は、微細な電気と微細な磁気によって動いています。微細な電気を生体電気、微細な磁気を生体磁気といいます。これらを合わせて生命エネルギーと呼んでいます。生命エネルギーは食物からも得ることができますが、私たちはその大半を人体の周囲にある大気（空間）から得ています。もし私たちが、大気から生命エネルギーを十分に受け取れなくなると、身体によい食事をとっても人は元気でいられなくなり、病気に罹《かか》りやすくなります。

人の生死は、生命エネルギーの多寡《たか》によって決まるといっても言い過ぎではありません。たとえば気功で病気が癒えるのは、大気から生命エネルギーを補うからです。

カタカムナ医学は、簡単にいうと、**人体内の生体電気と生体磁気、人体外の大気中の電気と磁気、この両者に働きかけて、心身を本来の状態に戻す方法**です。これが、カタカムナ医学の原理です。

カタカムナ医学では、カタカムナの理論から作成したさまざまなツールを使うことがあります。たとえば、私がカタカムナの原理からつくった銅製コイルは、今ではよく知られるところとなりました。そして、カタカムナクスリ絵もその中に含まれます。クスリ絵とは、数学や物理学、神聖幾何学、古代文字（カタカムナ文字も含む）などの概念を取り入れて、私が開発・作成したデザインです。これには生命エネルギーの調整をする働きや、人間が本来もつ自然治癒力、潜在能力を引き出す働きがあるため、身体に貼ったり、寝具にデザインしたものなどを使用してもらっています。クスリ絵の中でもカタカムナの原理を使って作成したクスリ絵をカタカムナクスリ絵と名付け、治療に使用しています。現代医学でよくならない症状や病気が、本当にそのようなものでよくなるのかと思われるかもしれません。ところが実際によくなる場合が多いのです。

これまでは、クリニックの患者さんに限定してカタカムナ医学をおこなってきました。そして、症状が改善した患者さんの笑顔が忘れられなくて、より多くの方にも知っていただきたいと思い、この本を書いています。

正直なところ、必ずしもカタカムナ医学でガンや難病が治るとはいいきれません。しかし、カタカムナ医学を使うと、病状がよくなって元気になり、ガンや難病が治る可能性は格段に高くなります。少なくとも、筋力は強くなり、身体の柔軟性、つまり関節の可動域は増し、痛みやだるさが減少するか消滅します。ほとんどの患者さんが、安堵《あんど》と安心に包まれ、口元がほころびます。

しかもカタカムナ医学と現代医学を併用すると、現代医学による治療だけでは消えなかった症状が消える場合もあります。また、現代医学の治療によって生じた副作用が消えることもあります。病気や症状、クスリによる副作用は、元気のもととなる生命エネルギーが極端に少なくなったために起こります。カタカムナ医学は、元気のもとである生命エネルギーを人に補充することによって、病気を根本から改善し、人を元気にします。一方、現代医学は生命エネルギーを人に供給できないだけでなく、最悪の場合、たとえば抗ガン剤をくり返し使うような場合は、生命エネルギーを人から奪うことさえあるのです。そうならないために、私は現代医学とカタカムナ医学の併用が必要不可欠だと考えています。

高次元を開いて生命エネルギーを流れ込ませる

カタカムナ医学は、身体の治癒だけが目標ではありません。カタカムナ医学では、人の本質は、身体（ボディ）、マインド（心）、スピリット（魂）が融合した存在としてとらえています。カタカムナ医学はこれら三つを調和させながら治していきます。そのため、治療ではなく「癒し」という言葉を使っています。

カタカムナ医学は、世界で初めて生命エネルギーという元気のもとを人に供給する超古代の最新医学なのです。カタカムナ医学には、薬も機器も使わずにおこなう方法があります。そしてその効果は絶大です。

その方法とは、カタカムナウタヒを詠《よ》むことです。カタカムナウタヒとは、カタカムナ文字で書かれた五七調の80首の歌のことです。カタカムナウタヒを詠《うた》うと、身体の中に三次元よりも次元が高い高次元空間が現れ、人を癒します。高次元空間は、遠い場所や見知らぬ世界にあるのではなく、この三次元世界の中にあります。あまりに小さく折りたたまれ圧縮されているため、普段は誰も、その存在に気づくことができません。これまでは、その折りたたまれた高次元世界を、この三次元世界に拡張・展開させる方法が誰もわかりませんでした。ところが、カタカムナウタヒを詠むと、隠れていた高次元空間が、わたしたちの住むこの三次元世界に現れ、人の身体を揺らすほどの影響力をもつようになります。そして人はその中で癒されます。ですから、カタカムナ医学は、高次元カタカムナ医学と呼んでもいいと私は思います。

この度、従来のカタカムナ文字から、新たなカタカムナ文字が生まれました。

一つ目は高次元カタカムナ文字です。高次元カタカムナ文字で書かれたカタカムナウタヒを詠いながら、同時に指でなぞると、さらに治療効果はあがります。簡単な症状なら数十秒ほどで消えるようです。また、高次元カタカムナ文字は、服の上から貼っておくだけでも大きな力を発揮します。

二つ目はカタカムナ天使文字です。詳しくは第8章に出てくるマンガで説明しますが、この文字を使ったときの効果は絶大です。

本書では、高次元カタカムナ文字を使って高次元ゲートを開く方法を紹介します。

健康になりたい人は、現代医療と並行していただくことで、治癒力はさらに大きくなります。健康だけでなく幸せになりたい人は、あなたの願望が最善の形で叶《かな》うでしょう。

この高次元カタカムナ医学で、多くの方が健康や安心、平和を取り戻されますようにと願っています。

医学博士　丸山 修寛

第1章
超古代の未来医学
カタカムナ医学

第2章

カタカムナとは何か
見える世界と見えない世界をつなぐ鍵

第3章

カタカムナと次元

高次元が理解できると奇跡の仕組みが見えてくる

第4章

高次元カタカムナ文字の誕生

自転する立体文字

第5章

高次元ウタヒ

高次元カタカムナ文字で表すウタヒ全80首

第6章

高次元ウタヒの使い方

治癒のスイッチがオンになるウタヒ習慣

第7章

カタカムナ天使文字の誕生

「角度」が違えば未来が変わる

第8章

名前は高次元へのアクセスコード

カタカムナ文字で名前を表す

第9章 カタカムナの神様のクスリ絵

神々のカタチを創る

第10章

魔法みたいなカタカムナ

意識を使った医学

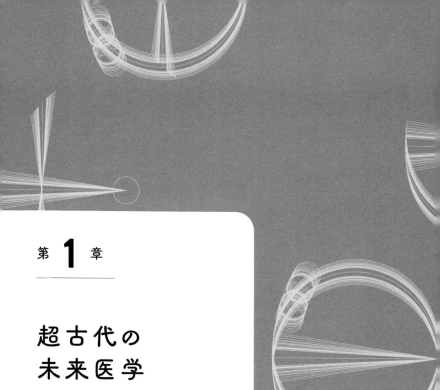

第1章

超古代の未来医学

カタカムナ医学

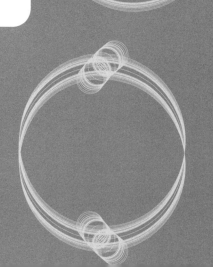

未来医学とは何か

これからお話しするのは、現代医学とは違ったやり方で人を治す未来医学です。この医学を使うと、現代医学ではよくならない症状や病気がよくなることがあります。どうしてそのようなことが可能になるのでしょうか。一つは電子に直接働きかけるからです。人体を構成する最小単位は細胞ですが、その細胞を構成するのは分子です。さらにその分子は原子の集まりであり、原子は原子核と周回する電子から成り立っています。未来医学はその電子に直接働きかけ、ふるまいを正しい状態に戻し、病気の原因を元から消すのです。もう一つは、人体の外側にある空間に働きかけ、より多くの生命エネルギー（電気や磁気を帯びた氣やプラーナと呼ばれるエネルギー）を取り入れるようにしてくれるからです。

このようなことは現代医学のクスリを服用しても起こすことはできませんが、今回紹介する医学を使うと簡単にできてしまいます。しかも、これはクスリを使わないためまったく費用がかかりません。そしていつでもどこでも誰にでもできる優れた方法です。私がこれを未来の医学と呼ぶのはこういった理由からです。そして、そのルーツは超古代の日本にありました。

超古代の文字とウタヒ

超古代の日本には、カタカムナ文字という日本固有の文字がありました。このカタカムナ文字は、発見されてから70年程しか経っていません。

カタカムナ文字は、直線と曲線でできたシンプルな文字で、文字というより記号に近い文字です。このカタカムナ文字を発見し、世に出したのは楢崎《ならさき》皐月《さつき》という科学者です。そして、彼が発見したものはカタカムナ文字だけでなく、その文字で書かれたカタカムナウタヒ（以下ウタヒと略）という文献です。ウタヒに記されているのは、目に見える世界と見えない世界の二重構造、現代科学では解明されていない極小の量子の世界（すべてのものは素粒子から構成されている）、時空と重力の関係、ホログラフィック宇宙論、ブラックホール、超弦理論（69ページ）に通じる内容です。

資料 1-1 カタカムナ48音一覧表

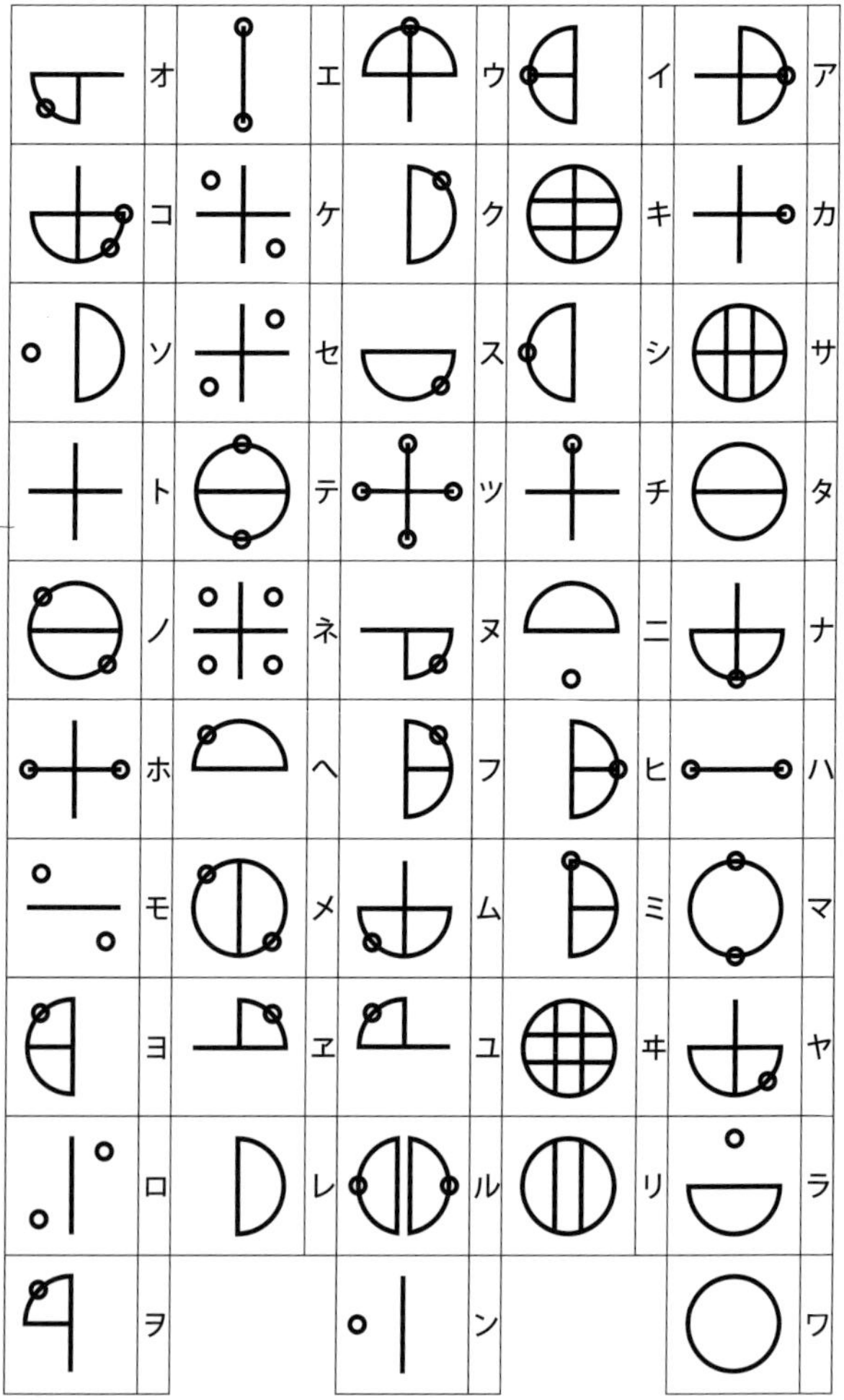

超古代の未来医学

カタカムナ医学がなぜ超古代の未来医学なのかというと、形と音を使って人を治す方法が、未来の医学のスタンダードになると考えているからです。実際、彼らカタカムナ人たちが形と音を使って人を治していたことは間違いありません。ウタヒ第1首には、カタカムナヒヒキマノスヘシという言葉によって形と音（ヒヒキは形も意味する）が「マ」をコントロールすることが書かれています。「マ」とは、人体の外側や内側にある空間のことです。カタカムナ医学は空間、そしてそこにある素粒子や時空間に働きかけて人を治します。

私はこの医学を発展させ、現代医学に匹敵するような医学にしようと考え研究してきました。その結果できたのが、今回紹介するカタカムナ医学です。カタカムナ医学は従来の医学とは違ったメカニズムで人を治します。そのメカニズムの一つは、このあとに述べる、異常な電子のふるまいをウタヒの音とカタカムナ文字の形を使って正常に戻すことです。

資料 1-2 カタカムナウタヒ第1首

カタカムナ　ヒヒキ　マノスヘシ　アシアトウアン　ウツシマツル
カタカムナ　ウタヒ

電子の回転が生命を生む

人が心身ともに健康でいられるかどうかは、究極のところ、原子の状態によって決まります。「原子の状態で決まる？　そんな馬鹿な」と思われるかもしれませんが、それには科学的な根拠があるのです。原子は、中心に原子核があり、その周りを電子が自転（スピン）しながら周回しています。

人の身体は、たくさんの原子から構成された物質です。回転はエネルギーを生み出す源です。電子が原子核の周りを回ることでエネルギーは生み出されます。さらに、電子が自転することでもエネルギーが生み出されます。そのエネルギーは極微細な電気や磁気です。一個の原子が生み出す電気や磁気は取るに足らないものですが、無数の原子から生み出される電気的エネルギーや磁気的エネルギーが集まると、膨大な量の電気や磁気（生命エネルギー）になります。この生命エネルギーの電気的な成分を生体電気、磁気的な成分を生体磁気といいます。

この生体電気や生体磁気（生命エネルギー）が人体を動かし、生命活動を可能にしています。これは、人の身体は電気・磁気仕掛けだということです。身体が電気や磁気仕掛けだということは、脳波計で脳の中の電気、脳磁図で脳の中の磁気が測定できることからみても明らかです。そして最も重要なことは、何らかの原因で電子が原子核を周回する仕方や電子の回転（スピン）の仕方が異常になると、生命エネルギーを作り出せなくなり、その結果、人は元気がなくなり病気に陥るということです。したがって、病気を治すためには少なくとも電子の回転の仕方（スピン）を正常に戻さなければなりません。

資料 1-3 原子核の仕組み

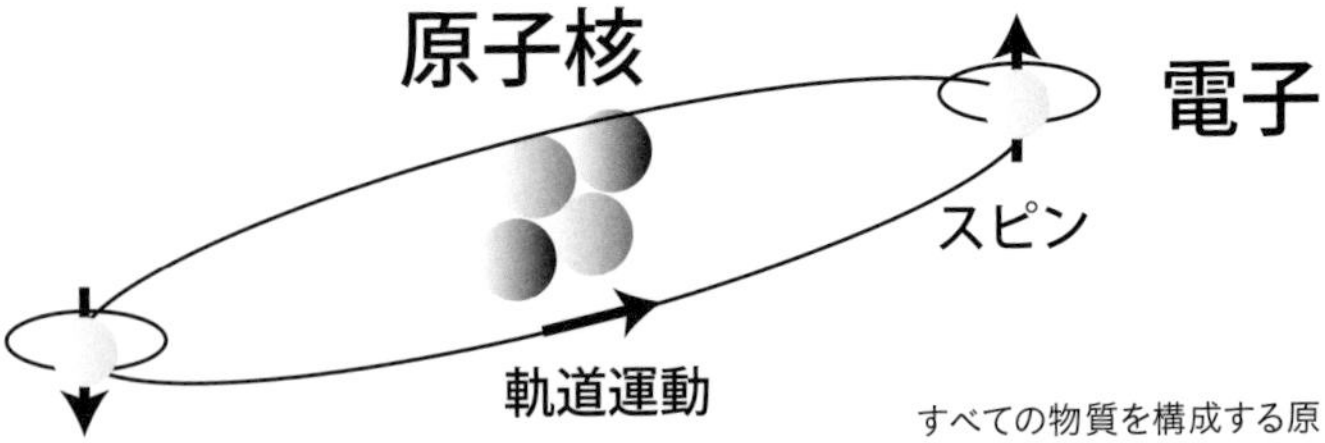

すべての物質を構成する原子は、電子それ自身が回転しながら、原子核の周囲の軌道上を周回している

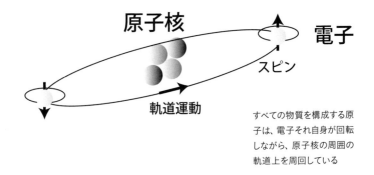

Column

電子の自転に着目

東北大学金属材料研究所の高梨弘毅教授は「スピン流が拓《ひら》く新しい世界」として、次のような記事を書いておられます。

極微の世界で電子の動きを制御する技術がエレクトロニクスと呼ばれる技術だ。（中略）

電子には自転すると磁場が発生するスピンという性質がある。この性質に着目し、従来のエレクトロニクスを発展させて省エネなどを目指すのが、この新技術だ。

スピントロニクスでは、スピンの働きで電子の動きなどを制御できる。この方法を使うことで、ハードディスクドライブから瞬時に大量の情報を読んで取り出すことが可能になった。

スピントロニクスの分野では、スピン流と呼ばれる現象を使った研究が盛んになってきている。**スピン流はスピンが作り出す磁気の流れで、電流が流れないところでも流れることができるなど、電流とは違う振る舞いをする**のが特徴だ。

（2014年1月5日読売新聞）

これは電子のスピンに関する記述です。電子がスピンするときのスピンの仕方がどうであれ、磁気の流れが生じることが示されています。これはエレクトロニクスの分野に限ったことではなく、同じように電子のスピンが起こっている人体にもあてはまります。もし人体内にある電子のスピンの仕方が異常なら、そこから異常な磁気の流れが生まれるのです。異常な磁気の流れは病気を引き起こします。

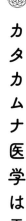

カタカムナ医学は電子に作用

カタカムナ医学を使うと、クスリを使わなくても現代医学では到底考えられないような奇跡的な治癒が起こることがあります。それはカタカムナ医学が電子の状態を正常な状態に戻すためです。

カタカムナ医学によって自転の仕方が正常になった電子は、生命エネルギーを生み出し、人を元気にします。これは病気を治すためには、少なくとも電子の自転を正常にしなければならないということです。この極めてシンプルで奥深い考え方を基準に治療していくと、驚くほど治療効果が上がることがあります。人によってはものの数分で症状が消え、病気がよくなることがあります。それは、カタカムナ医学を体験した人から「これって魔法ですか」と聞かれるほどです。88歳の悪性リンパ腫を持病にもつ女性は、1週間くらい前からお腹が張ってしょうがない、何とかしてほしいといいました。そこで母音を意識してゆっくりと時間をかけてウタヒを詠ってみたのです。私が詠い終わったときには、「なぁんも効かないよ」と言っていましたが、そのあとすぐにトイレに駆け込んで排便したところ、お腹の張りが完全に消えてしまいました。
カタカムナ医学を使うとこんなことが頻繁に起こります。

カタカムナ医学が電子に作用する根拠とは

「カタカムナ文字の形や音が電子に作用する根拠はどこにあるのか」という質問をされることがあります。私はカタカムナ医学が電子のふるまいに作用するかどうかを直接確かめる測定法をもっていません。しかし、カタカムナ医学を使うと、症状が一瞬で消えることからすると、そのメカニズムとして電子のふるまいを変えたということ以外に考えられないのです。まるで電気スイッチをオンからオフにしたときのように、症状が消えることは細胞レベルの変化では起こらないからです。

電子の自転と健康

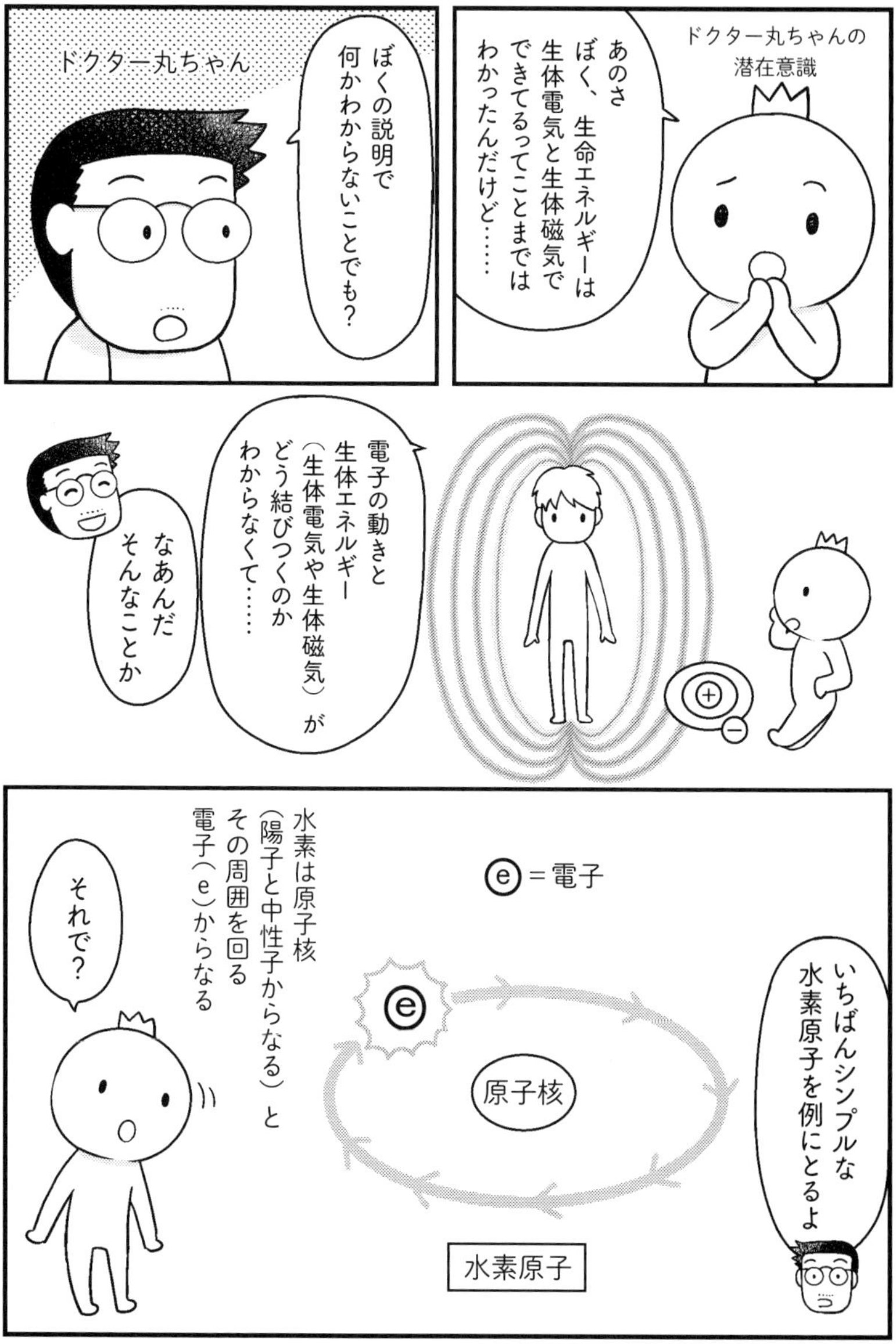

ドクター丸ちゃんの潜在意識
あのさ ぼく、生命エネルギーは生体電気と生体磁気でできてるってことまではわかったんだけど……
ドクター丸ちゃん
ぼくの説明で何かわからないことでも？
電子の動きと生体エネルギー（生体電気や生体磁気）がどう結びつくのかわからなくて……
なあんだ そんなことか
いちばんシンプルな水素原子を例にとるよ
ⓔ＝電子
ⓔ
原子核
水素原子
水素は原子核（陽子と中性子からなる）とその周囲を回る電子（e）からなる
それで？

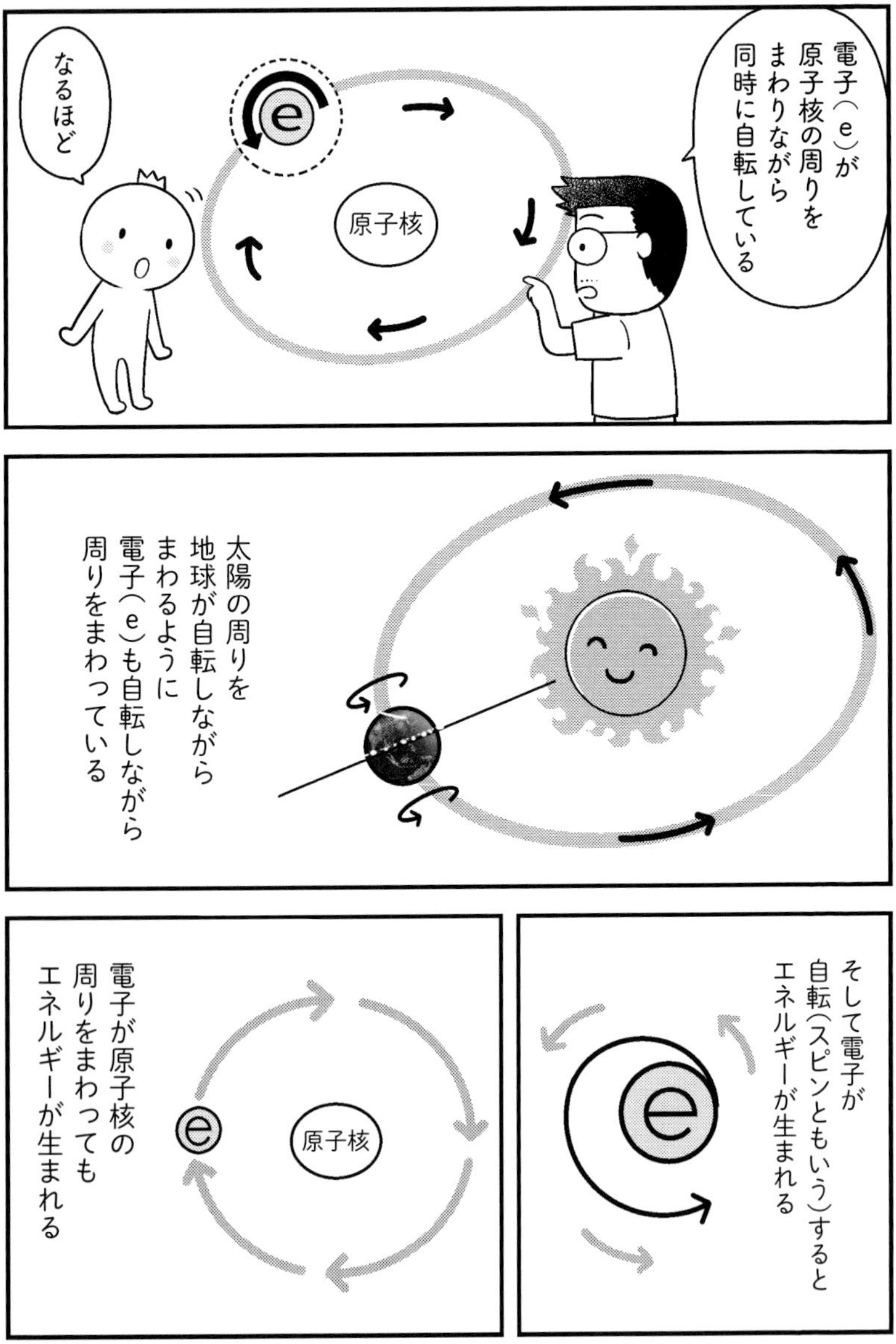
電子(e)が原子核の周りをまわりながら同時に自転している
e
原子核
なるほど
太陽の周りを地球が自転しながらまわるように電子(e)も自転しながら周りをまわっている
そして電子が自転(スピンともいう)するとエネルギーが生まれる
e
電子が原子核の周りをまわってもエネルギーが生まれる
e
原子核

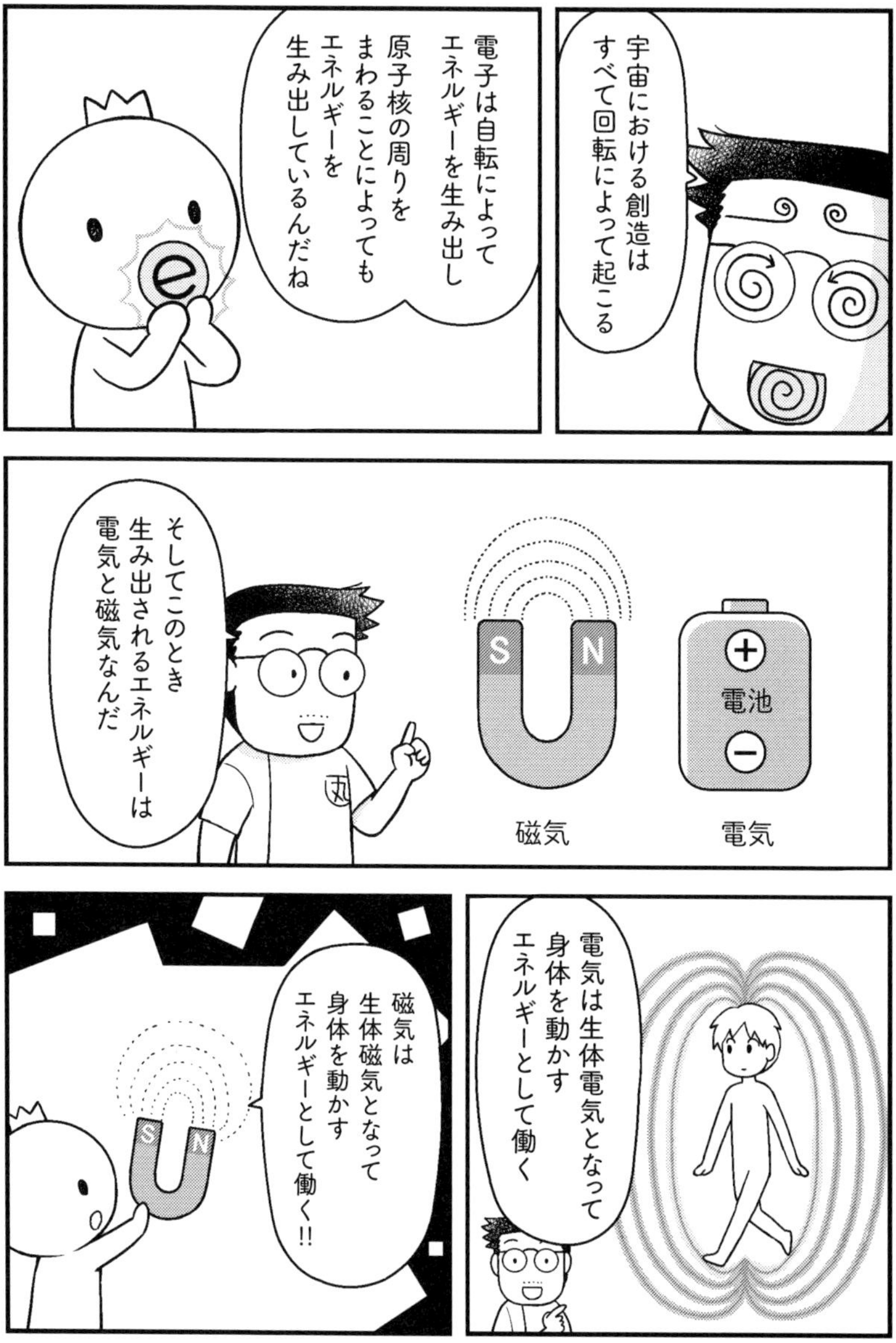
宇宙における創造はすべて回転によって起こる
電子は自転によってエネルギーを生み出し原子核の周りをまわることによってもエネルギーを生み出しているんだね
そしてこのとき生み出されるエネルギーは電気と磁気なんだ
電池
電気
S
N
磁気
電気は生体電気となって身体を動かすエネルギーとして働く
磁気は生体磁気となって身体を動かすエネルギーとして働く!!
S
N

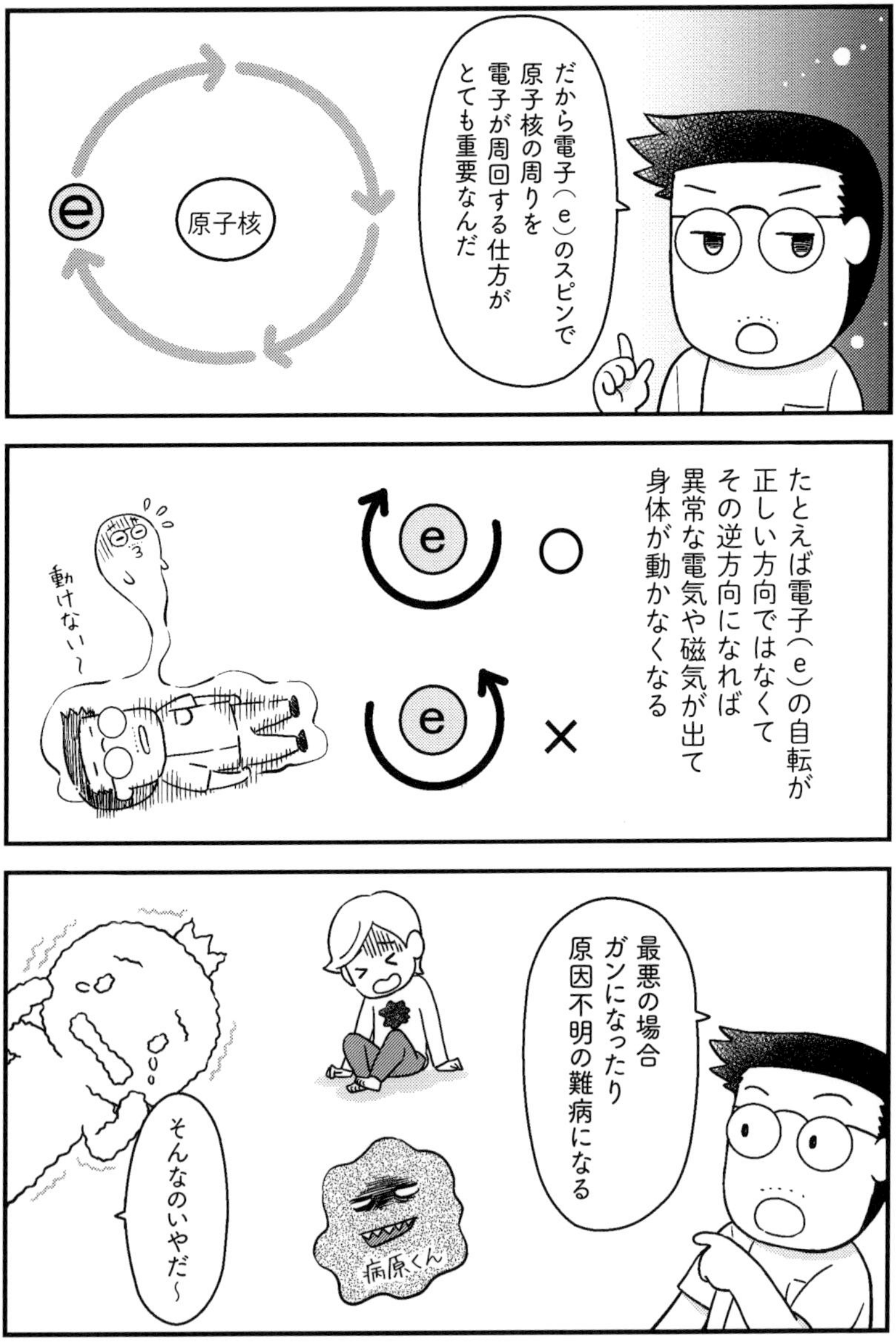
だから電子（e）のスピンで原子核の周りを電子が周回する仕方がとても重要なんだ
原子核
e
たとえば電子（e）の自転が正しい方向ではなくてその逆方向になれば異常な電気や磁気が出て身体が動かなくなる
e
○
e
×
動けない〜
最悪の場合ガンになったり原因不明の難病になる
病原くん
そんなのいやだ〜

でも
そうならないために
方法があるのでしょう
そのとおり!
キラーン
その方法が
カタカムナウタヒに
記されている
さらにカタカムナウタヒを
詠いなぞるだけでも
電子の異常は是正される
カタカムナ・ヒヒキ・
マノスヘシ・アシアトウアン・
ウツシマツル・
カタカムナウタヒ
カタカムナおそるべし
おそるべし

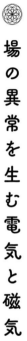

場の異常を生む電気と磁気

人の身体の中には微弱な生体電気や生体磁気が流れています。そのおかげで私たちは身体を動かしたり考えることができます。健康を維持するためには、この二つは欠かせません。ところが生体電気や生体磁気は場所や空間、大気が持つ外部からの電気や磁気の影響を強く受けます。最近問題になっている電磁波過敏症（普通の人が感じないほどわずかな量の電気に身体が過敏に反応してしまう症状）や電磁波障害（電磁波によって、アトピー性皮膚炎や気管支喘息、高血圧、ガンまで引き起こされるという報告があります）は、電気配線やスマートフォン、パソコンやWi-Fiから出る人工的な外部電気や外部磁気によって起こる典型的な症状です。高圧電線の真下や変電所の近くなどに住む人がガンになりやすかったり、病気が難治化したり精神に異常をきたすのは場の異常によるものです。

また、人工的な電気や磁気による被害の他に、人が住むと家族全員が病気になる家や土地があります。バイオレゾナンスというドイツの波動医学では、これをジオパシックストレスという名前で呼んでいます。ジオパシックストレスは、家の下の地下水脈の流れが生み出す音が原因だといわれています。さらに、ジオパシックストレスの他に、家のいたるところにある電気配線が密集した場所では、そこに住む人の生命エネルギーが奪われることがわかっています。

現代医学は日常生活の場である家のいたるところに潜む電気や磁気の脅威や、ジオパシックストレスの存在にまだ気づいていません。そのため、これらに対する対処法もありません。

ところが、日本の超古代を生きていたカタカムナ人は、土地の電気や磁気が人体に与えるよい影響や悪い影響に関して、よく知っていたようです。カタカムナ人は、現代人よりも電気や磁気を知覚する能力が優れていたので、こういったことに的確に対処できたのでしょう。

身体にいい影響を及ぼすイヤシロチ

カタカムナ人は身体にいい影響を及ぼす電気や磁気がある場所を「癒《いや》しろ地《ち》」、身体に悪い影響を及ぼす土地を悪露地《おろち》と呼んでいました。どこを見ても悪露地しかない場所を「八岐悪露地《やまたのおろち》」（四方八方がみな悪露地の場所）と呼び、怖れたのです。なぜならそこは人が住むと病気で死に、作物が枯れるところだったからです。

日本神話には、素戔嗚尊《すさのおのみこと》が八岐大蛇《やまたのおろち》（頭が八つ、尾が八つ、谷を八つ渡るほどの大きな身体で、毎年出雲に現れ、娘たちを一人ずつ食べていくという化け物）を退治したとあります。伝説では、そのとき素戔嗚尊が使ったのが草薙剣《くさなぎのつるぎ》ということになっています。しかし、これはあくまで神話の話であって、実際は草薙剣を、悪露地を癒しろ地にするための道具として利用していたのではないかと思います。金属製の剣のようなものを大地に立て、そこに雷を落として、大地が持つ電気や磁気を改善し、人が住むと元気になり、作物が育つようにしたのです。雷は巨大なプラズマなので、一度でも雷が落ちるとそこは、生体エネルギーのもとになる電気や磁気に満ちた場所になります。

この原理は、カタカムナを世に出した楢崎皐月氏の著書『静電三法《せいでんさんぽう》』に書かれています。現代においても土地をイヤシロチにする方法の一つとして使われています。**雷によるプラズマによってイヤシロチになった土地**では、通常の数倍の大きさの野菜が育ち、作物は腐敗しにくくなります。

ウタヒには、このように先に述べた電子のスピンを正常化する他に、場の異常を正常に戻す方法が書かれています。

高次元空間から より多くの生命エネルギーを

私たちの周りには空間があります。そして空間にも電気や磁気があります。

私たちは身体の中の電子のスピンが生み出す生命エネルギーだけを使って生きてい

るのではなく、空間が生み出す電気と磁気を生命エネルギーの材料としていただいて生きています。古代より健康法として用いられている気功も、空間から生命エネルギーを得る方法です。生命エネルギーの源は身体の中だけではなく、空間にもあるのです。

そして、空間には私たちが住む三次元空間の他に、高次元の空間もあります。私たちがカタカムナウタヒをなぞり詠うと、三次元空間の中に潜在していた高次元空間が現れます。そしてそこからは三次元空間から得る電気や磁気でできた生命エネルギーよりもはるかに多い生命エネルギーを得ることができます。それが、カタカムナを取り入れたときに私たちが元気になる理由です。

カタカムナ人は生体磁気を重視していた

生体電気と生体磁気という二つの生命エネルギーのうち、カタカムナ人は、特に生体磁気を重要視していたように思われます。というのは、超古代には、生体電気を乱すほどの外部電気がなかったと考えられるからです。カタカムナ人にとっては、地球が生み出す磁気（地磁気）によって生体磁気が影響を受けることや、地磁気が生体磁気の材料になるということの方が重要だったと思われます。

土地によっては、地磁気が多いところや少ないところがあります。地磁気が少ないところでは作物が育たず、人も健康でいることはできません。地磁気が多いところでは作物がよく育ち、人も健康でいることができます。地磁気が多い土地か、少ない土地かについて、探知する能力があったことは間違いありません。また、彼らは、一定の土地に病気を癒し、長寿を可能にするゼロ磁場という場所があることにも気づいていたと思われます。カタカムナウタヒの第5首に「ヒフミヨイ　マワリテメクル　ムナヤコト」と書かれている内容は、ゼロ磁場についての記述です。ゼロ磁場というと、現代では長野県の分杭峠《ぶんくいとうげ》が有名です。分杭峠にいるだけで癒されます。私も分杭峠に行きましたが、一緒に行った友人の首に一年以上前からあった大きなしこりが、たった一日で消えたのを見て驚きました。

ゼロ磁場とは、磁石のN極の力とS極の力が拮抗《きっこう》したような場所です。磁気がない

資料 1-4 カタカムナウタヒ第5首

ヒフミヨイ　マワリテメクル　ムナヤコト　アウノスヘシレ　カタチサキ

ようにみえますが、実はそこではゼロ磁場という特別な磁気が働いています。カタカムナウタヒには愛媛などの地名も出てきますが、それは超古代のゼロ磁場の位置を示したものだったのかもしれません。

カタカムナウタヒと呼ばれるカタカムナの文献には、このような人体の周囲の空間の電気、磁気、人体が立つ土地の電気、磁気を調節する方法がいくつか書かれています。たとえば、超古代にも磁気を帯びた鉱物がありました。これは自然が生んだ磁石といえます。この鉱物のもつ磁力をコントロールして、土地のエネルギーを変えていた可能性があります。鉱物のもつN極とS極の磁気の配列の仕方や、磁気をもった鉱物と鉱物の間の距離を調整して、その場にゼロ磁場をつくりあげた可能性があるということです。実際に、私も磁石を使って植物の発芽や生育がどうなるかを実験しましたが、植物の発芽や生育に磁気は強く影響するようです。

Column

ゼロ磁場とは

ゼロ磁場とは、正反対の二つの磁界が均衡して、一見磁場が働いていないように見える場所である。たとえるならば、力の同じ二人の力士が、がっぷり四つに組んで動かない状態と同じで、静止しているように見えるが、実際は、互いに強い力で押し合い、双方からエネルギーが加わっている状態の場だ。

このゼロ磁場に果物を置い

資料 1-5 ゼロ磁場の構造

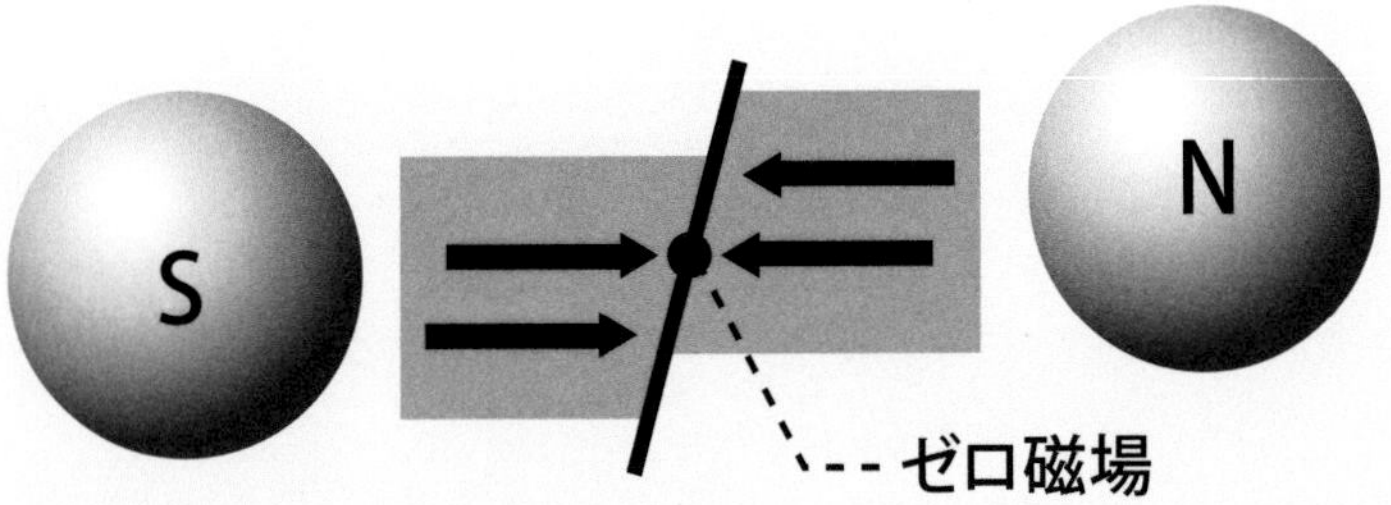

NとS、三次元と四次元のエネルギーの拮抗するところ

ておくと新鮮さが保たれる。人間の場合は、腫瘍が小さくなったり、ガンの転移が小さくなることがある。

このN極とS極、またはプラスとマイナスの大きなエネルギーがバランスをとっているゼロの場は、「無」ではなく「すべて」を持ち、過不足のない完全無比な姿、大いなる自然そのものの力をあらわしている。そこには、私たちの命を育むエネルギー場を形成する、潜在的に次元の異なる宇宙エネルギーが存在すると考えられている。

カタカムナ文字と高次元空間

カタカムナ文字やウタヒには、スピンを正常に戻す以外に、三次元世界に潜在的に内在していた高次元空間を拡げるといった働きがあります。これは、カタカムナ文字を使ったりウタヒを詠うと誰にでもすぐわかります。それは自分の周りの空間に変化が起こり、その変化が自分の身体に伝わるからです。身体があたたかくなったり、重力が減ったように身体が軽くなることもあります。カタカムナ文字を使い、ウタヒを詠っていくうちに、そのとき起こる変化の度合いは大きくなり、高次元空間と自分の意識がつながりやすくなります。すると、身体の問題がよくなるだけでなく、人生で体験する現実もよいほうに変わっていきます。たとえ現実が変わらない場合でも、現実に対する自分の心の対応の仕方が変わっていきます。心が強くなるのです。これはカタカムナ文字やウタヒが、外（現実）ではなく内向き（心の内面）に作用した結果です。

人の内面が変わるのか、外側に起こってくる現実が変わるのかは、その人の状況によって自動的に決まるようです。いずれにしても、カタカムナ医学を使うと人生がよい方向に向かい始めます。

アクセスコード

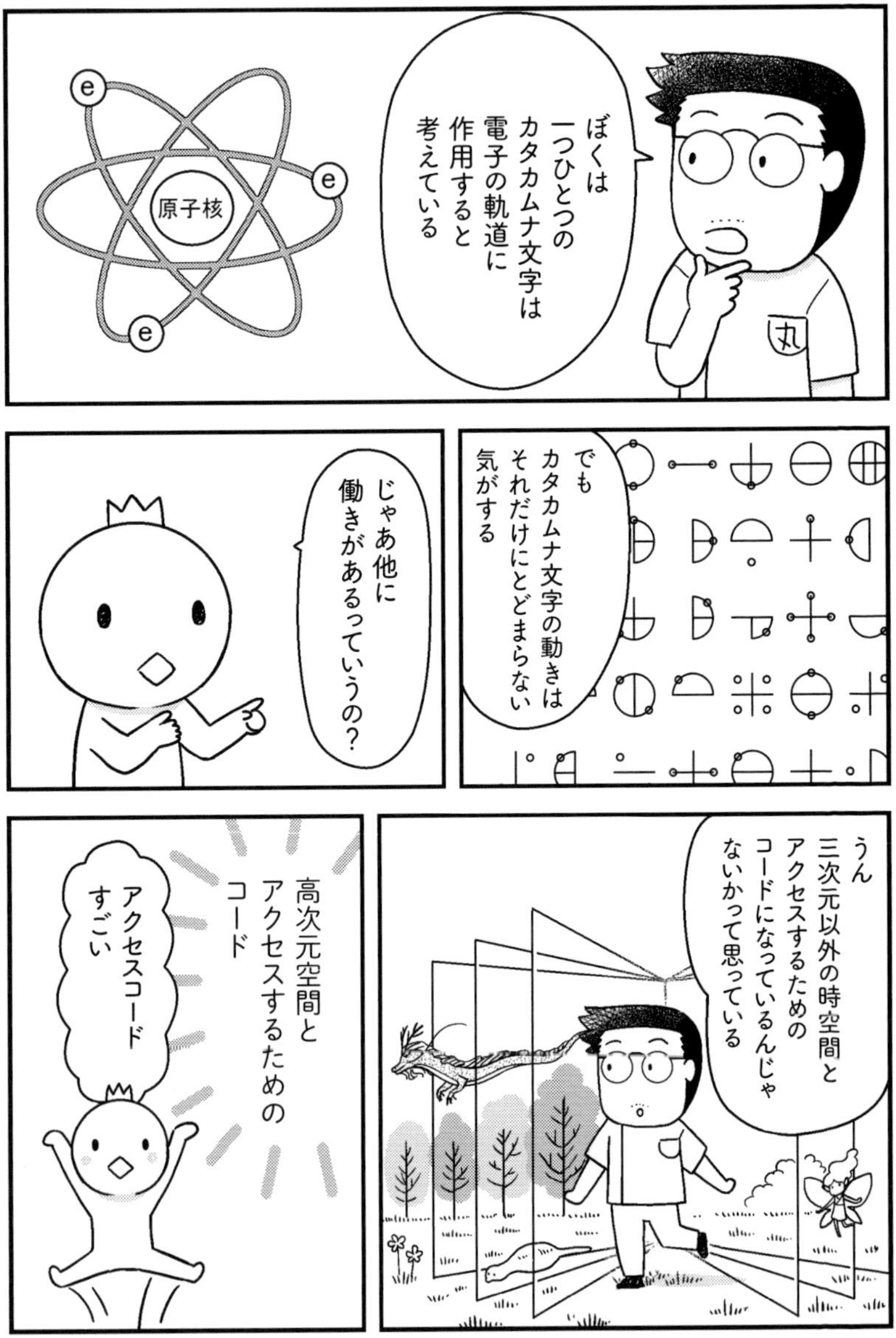
ぼくは一つひとつのカタカムナ文字は電子の軌道に作用すると考えている
原子核
e
e
e
丸
でもカタカムナ文字の動きはそれだけにとどまらない気がする
じゃあ他に働きがあるっていうの？
うん三次元以外の時空間とアクセスするためのコードになっているんじゃないかって思っている
高次元空間とアクセスするためのコード
アクセスコードすごい

第 2 章

カタカムナとは何か

見える世界と見えない世界をつなぐ鍵

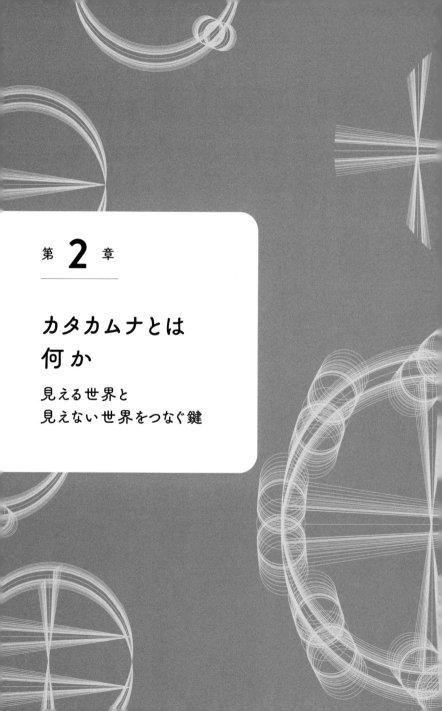

カタカムナ発見の歴史

今から1万2000年前に、カタカムナ文字を使っていた人々が日本にいました。カタカムナ文字には、宇宙人から伝えられたという説や、古代中国の八鏡文字という説などがあります。このカタカムナを世に広めたのは楢崎皐月という技術者です。昭和24年、楢崎氏は、兵庫県六甲山系の金鳥山で、大地電気の測定をしていました。その時、平十字《ひらとおじ》と名乗る猟師に出会い、「池に機械を突っ込んでいるから、動物たちが水を飲めなくて困っている。今すぐその測定をやめてほしい」と言われます。楢崎氏がそのとおりにすると、お礼に不思議な巻物を見せてもらいます。そこには、大小2種類の円と直線で書かれた記号が、渦巻き状に書かれていました。それは、カタカムナ神社の御神体だったのです。楢崎氏はその重要性を感じ、20日間で書き写しました。以来、楢崎氏はカタカムナ研究に没頭し、カタカムナが科学や医療などについて表現していることを突き止めました。その研究は、弟子の宇野多美恵氏に引き継がれ、現在、多くの人がカタカムナについて研究、発表しています。私もその一人です。

カタカムナと出会って治療に生かすまで

私がカタカムナに最初に興味を持ったのは、今から約20年ほど前になります。この文字を一目見て、この文字には病気を治す力があると思いました。そして、この文字をなぞったり書き写したりすると、経験したことがないような強いバイブレーションを全身に感じ、「もしかしたら、治療法の見つからない患者さんにも効果があるかもしれない」と思いました。そこで、すぐにウタヒを紙に印刷し、軽い症状のある患者さんの身体に貼ってみました。すると即座に症状がとれる人が少なからずいたのです。ただ、当時はまだカタカムナの本当の使い方を見出《みいだ》すことはできていませんでした。

しかし、カタカムナを医学として難治性の病気や症状に役立てたいという一心で研究を重ねたところ、2022年になってカタカムナの本当の使い方がわかったのです。さらにカタカムナ文字から新たな文字を創りだし、応用できるようになったのも2022年になってからのことです。

ウタヒを詠むことで降りてきたカタカムナの智慧

7年程前までの私は、カタカムナを研究しているといっても素人同然でした。どのようにカタカムナを医学として通用するようにできるのか、皆目見当がつきませんでした。カタカムナを研究している先人が出したという本を読み漁《あさ》りましたが、難しくて理解できませんでした。そこで、いろいろ考えても仕方がないので、まずはウタヒを一日何百回も詠もうと思いました。そして、詠み始めて1~2カ月した頃、次第にどのようにカタカムナを医学として活用すればいいのかがわかってきました。

たとえば、元からあるカタカムナ文字は、目に見える世界を表すことや、目に見えない世界を表す別のカタカムナ文字があるということがわかってきました。そして、元からあるカタカムナ文字と別のカタカムナ文字（※1）がペアになって、目に見える世界と目に見えない世界がマワリテメクルというように循環することもわかってきました。ウタヒのラセンはただのラセンではなく、黄金ラセン（※2）であるということなど、カタカムナの実用化に関するインスピレーションがどんどん降りてくるようになりました。

※1【元からあるカタカムナ文字と別のカタカムナ文字】「正と負のカタカムナ文字」のこと。この詳しい説明は、拙著『魔法みたいな奇跡の言葉　カタカムナ』（静風社）を参照してください。

※2【黄金ラセン】黄金ラセンは、黄金比を基に描かれたラセンです。この黄金ラセンには終わりがなく、資料2－2（上図）のようなラセンをどこまでも描くことができます。そのため、このラセンには三次元と高次元をつなげる働きがあると私は考えています。また、ウタヒを普通のラセンではなく黄金ラセンで配列し直すと資料2－2（下図）のようになり、普通のラセンで描いたウタヒよりエネルギーが圧倒的に強くなります。

資料 2-1 正と負のカタカムナ文字一覧表

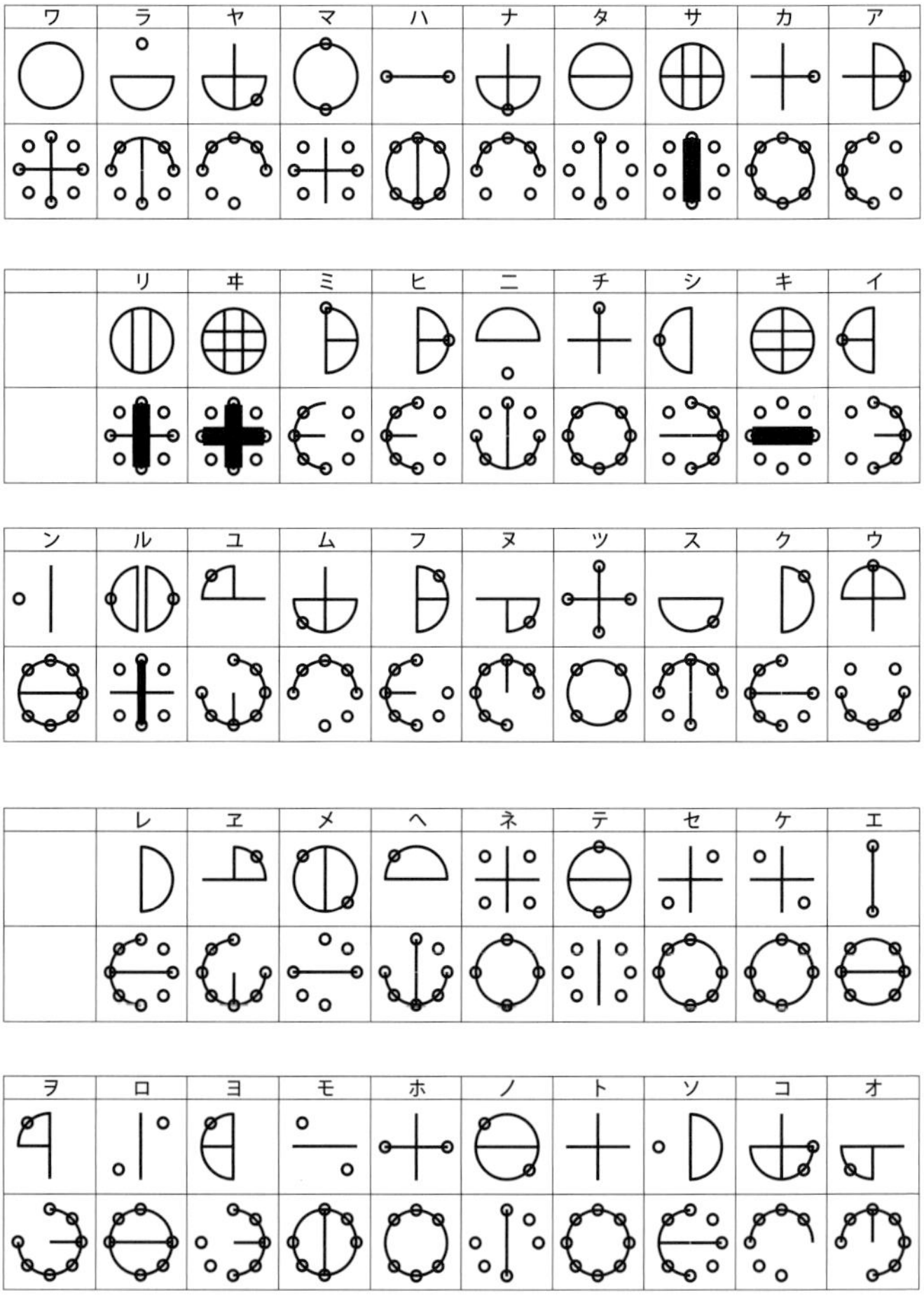

［上段］正のカタカムナ文字、［下段］負のカタカムナ文字。
正負が合わさると、一つの完全なヤタノカカミになる

資料 2-2 黄金ラセン状に配置したカタカムナウタヒ

黄金ラセン

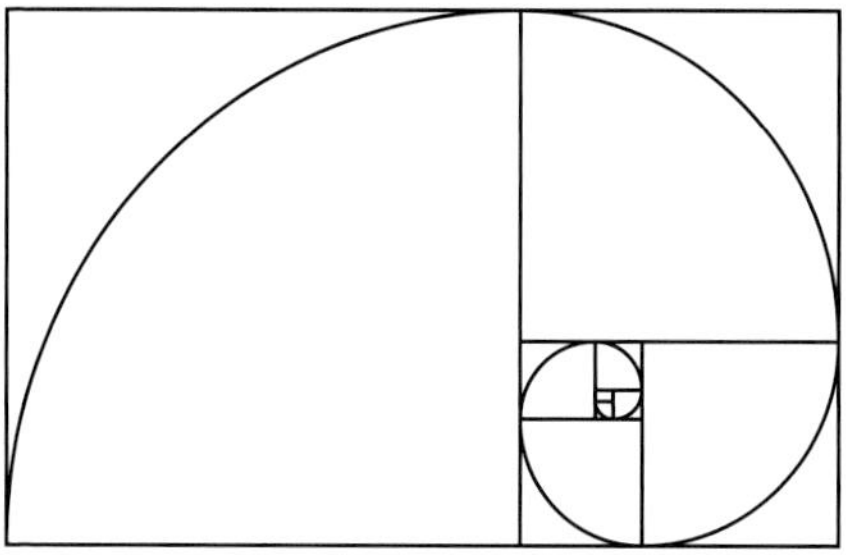

正《プラス》のカタカムナウタヒ 黄金ラセン第1〜8首合一

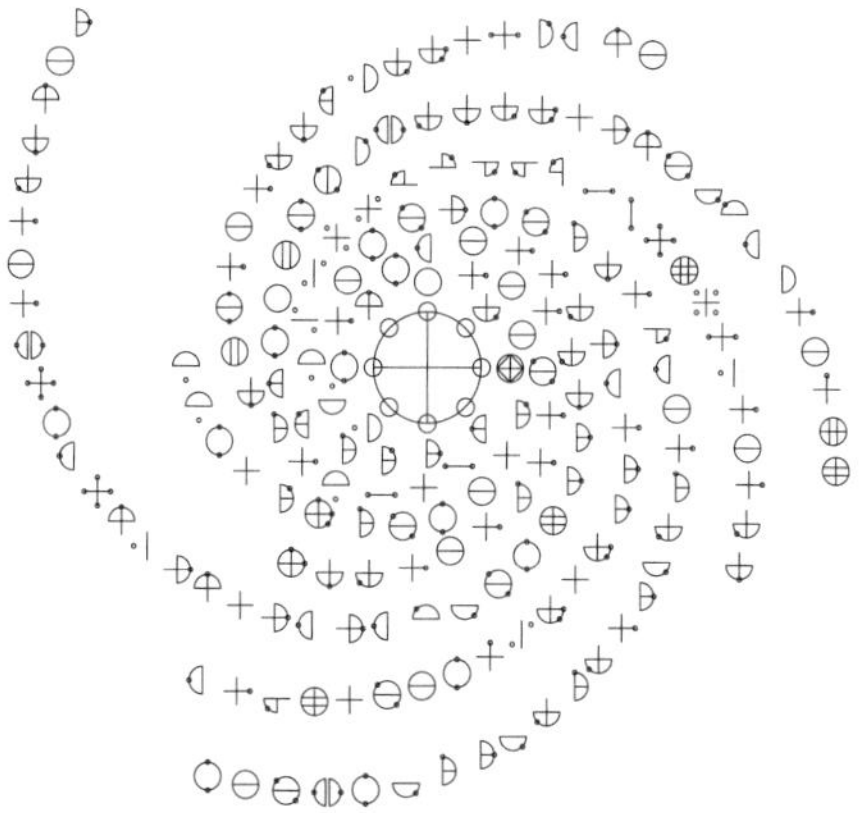

黄金ラセン（上）から着想を得て、正のカタカムナウタヒ第1首から第8首を一つの黄金ラセンの形に配置（下）。強力なウタヒができあがった

カタカムナで高次元の知覚能力が花開く

カタカムナをやっていると、インスピレーションを受け取りやすくなるだけでなく、新しい知覚能力が現れることがあります。私の場合は人の身体の悪いところがブラックホールのように視えたり、黒い影のように視えたりするようになりました。目の前の患者さんのどこが本当は悪いのかわかることは、人を診る上でとても役に立ちます。

さらにカタカムナを続けていると、自分の目の前にスクリーンが現れ、患者さんの病気の原因となっている生活習慣や感情、思いが視えるようになりました。

身体中に湿疹ができてかゆがっていた1歳の子供を視ると、バナナを一生懸命に食べている姿が視えたことがあります。1歳の子がバナナなんてと思いましたが、お母さんに聞くと、この子はバナナを1日に1本から3本も食べるそうです。それが原因で湿疹が出ていたのかもしれません。バナナを食べるのをしばらくやめてもらうと、湿疹は消えていきました。

45歳の女性は、左肩が痛くて腕を上げることができません。彼女を診察していた時も、自分の目の前にスクリーンが現れました。すると、頭部左側の外側30センチほどの空間に真っ黒い部分が視えました。痛みの原因は寝室の電気コンセントからの有害な電磁波ではないかと推測しました。そこで寝室のコンセントの位置を聞いたところ、やはり彼女の頭の左側にあったのです。すぐにそこから離れて寝てもらったところ、痛みがなくなり、腕が上がるようになりました。

胃が痛いという女性は、スクリーンで視ると、夜中に下あごを左右に動かしている映像が視えました。胃の痛みは顎《がく》関節によるものと診断しました。聞くと、夜中に歯ぎしりをしているとパートナーに言われたといいます。そこで、顎関節を調整するとそれ以来、胃痛はなくなってしまいました。

このようなスクリーン映像は、いつでもだれに対しても必ず視えるというレベルには私はまだ達していませんが、経験を重ねることによってこのような能力は研ぎ澄まされていくようです。

このような新しい能力や才能は超能力ではなく、カタカムナをするうちに誰でも得られるものです。

カタカムナ文字とは何か

楢崎氏がカタカムナ神社の御神体として見せられたカタカムナ文献に使われていたのがカタカムナ文字です。

カタカムナ文字は、とてもシンプルな文字です。濁点や半濁点はありません。最大の魅力は無駄のない美しさと、理屈では説明できない気品がその背景に秘められ、奥深い智慧《ちえ》を感じさせます。

カタカムナ文字は、現代日本語のカタカナ48音図にあてはまるといわれています。一見するとカタカナのルーツには思えませんが、キやサなど、カタカナそのものと思える文字があります。そこで、カタカムナ文字がどのようにしてつくられたのかをマンガにしてみました。マンガの中の「神」と書いてあるのはカタカムナの神様です。

資料 2-3 ヤタノカカミ

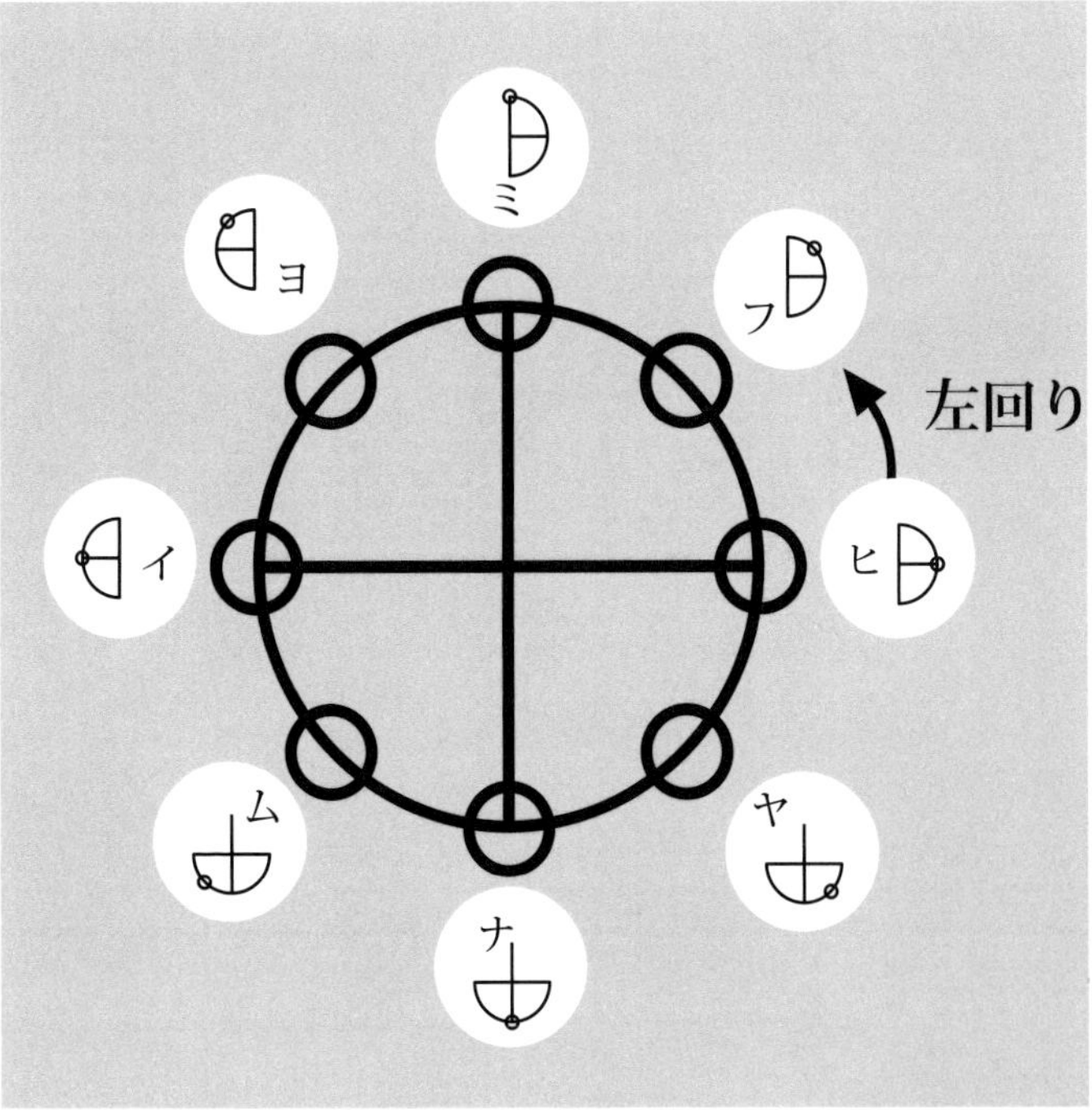

カタカムナ文字の大半は、ウタヒの中心にある「ヤタノカカミ」という図形からつくられている

カタカムナは立体文字

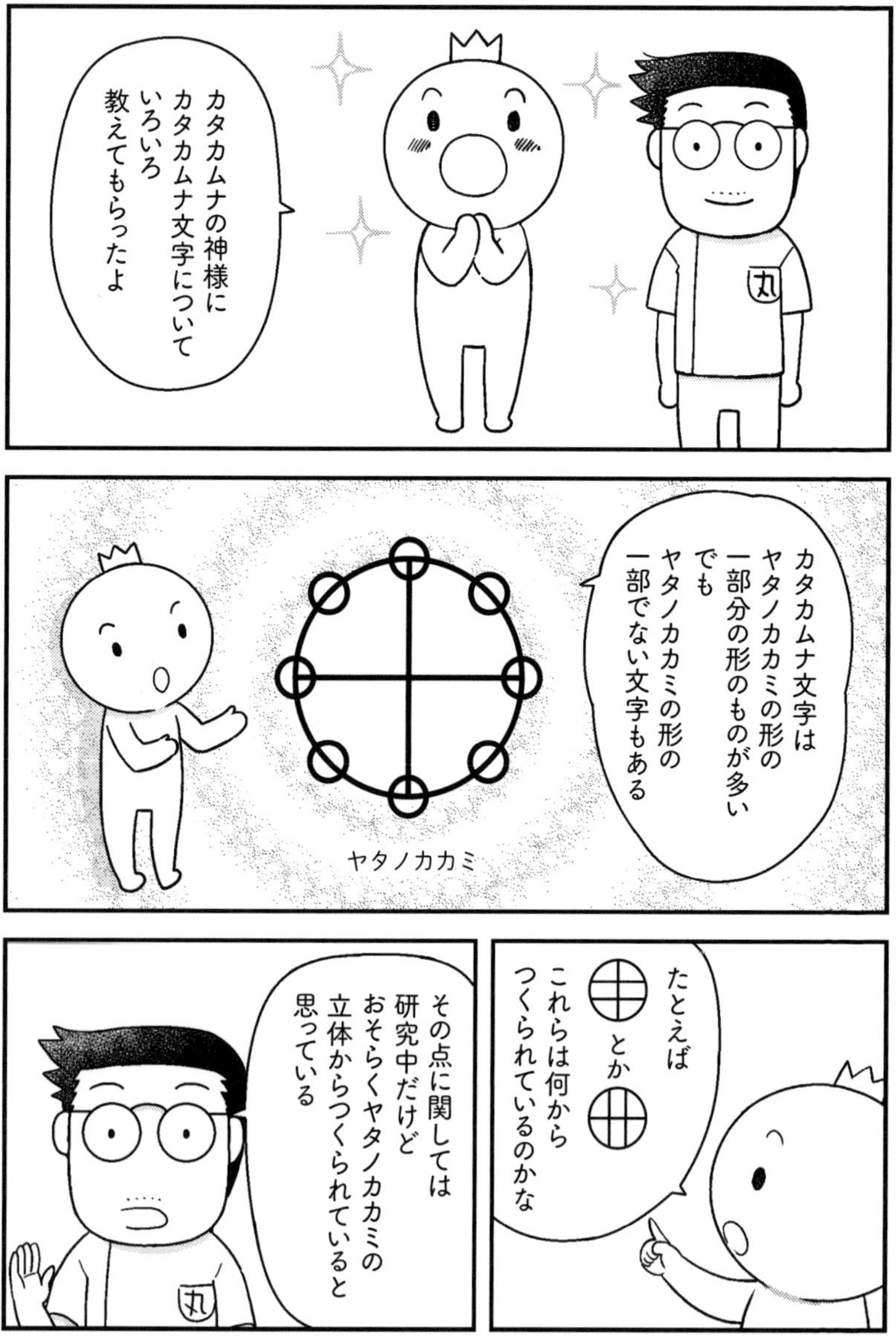
カタカムナの神様に
カタカムナ文字について
いろいろ
教えてもらったよ
カタカムナ文字は
ヤタノカカミの形の
一部分の形のものが多い
でも
ヤタノカカミの形の
一部でない文字もある
ヤタノカカミ
たとえば
とか
これらは何から
つくられているのかな
その点に関しては
研究中だけど
おそらくヤタノカカミの
立体からつくられていると
思っている

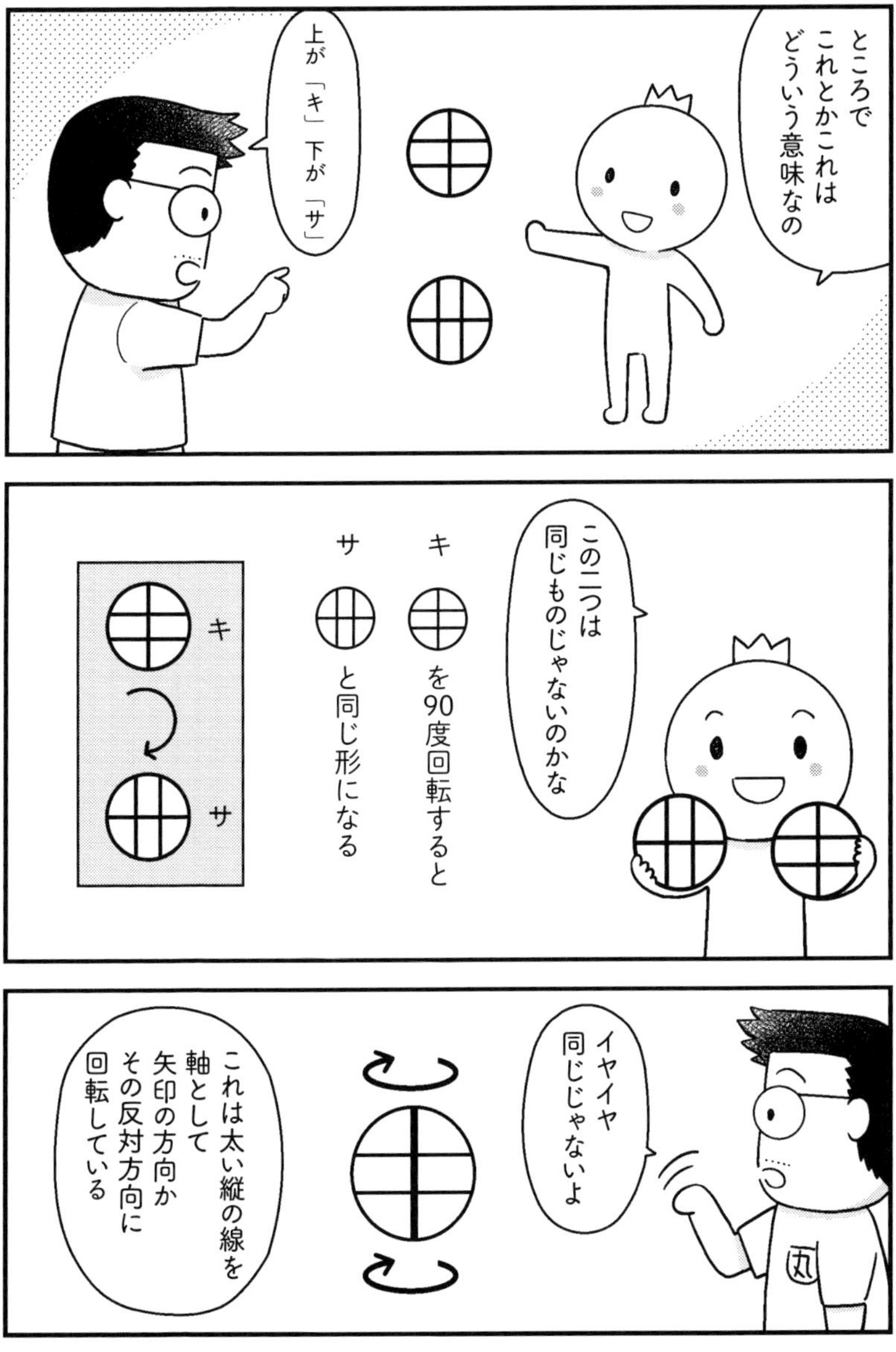

ところで
これとかこれは
どういう意味なの
上が「キ」下が「サ」
この二つは
同じものじゃないのかな
キ を90度回転すると
サ と同じ形になる
キ
サ
イヤイヤ
同じじゃないよ
これは太い縦の線を
軸として
矢印の方向か
その反対方向に
回転している
丸

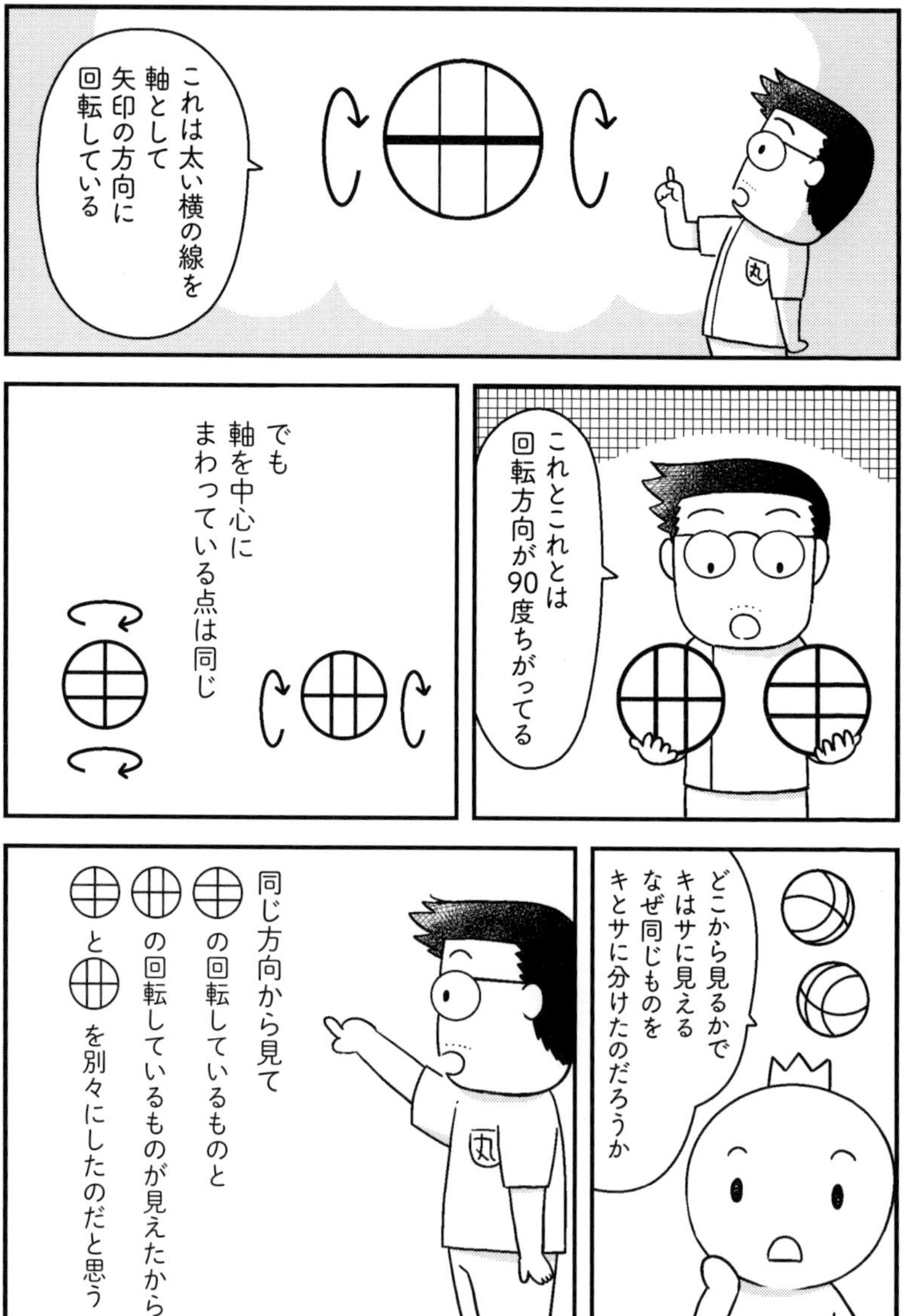
これは太い横の線を
軸として
矢印の方向に
回転している
これとこれとは
回転方向が90度ちがってる
でも
軸を中心に
まわっている点は同じ
どこから見るかで
キはサに見える
なぜ同じものを
キとサに分けたのだろうか
同じ方向から見て
の回転しているものと
の回転しているものが見えたから
と
を別々にしたのだと思う

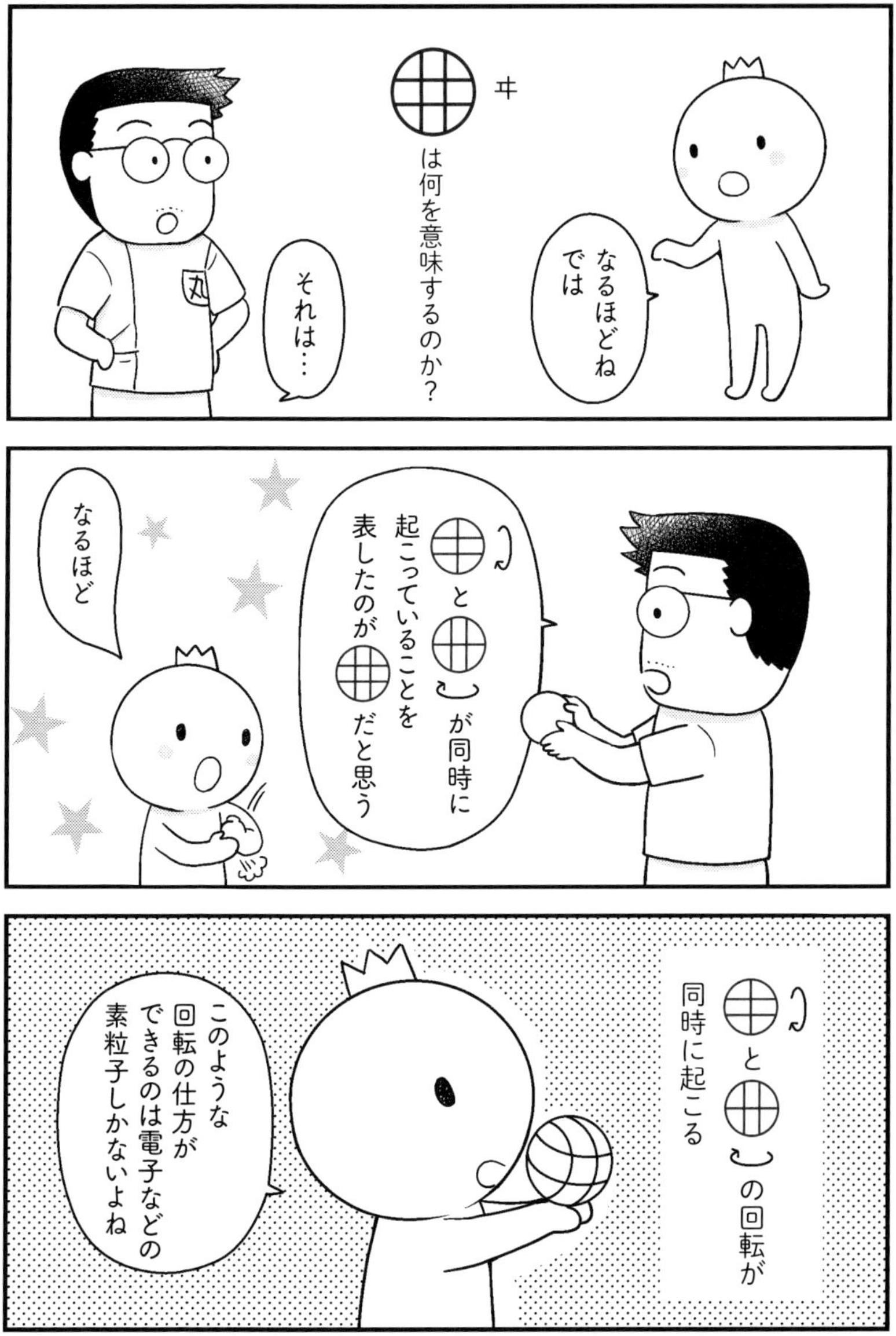
なるほどね
では
ヰ
は何を意味するのか?
それは…
と
が同時に
起こっていることを
表したのが
だと思う
なるほど
と
の回転が
同時に起こる
このような
回転の仕方が
できるのは電子などの
素粒子しかないよね

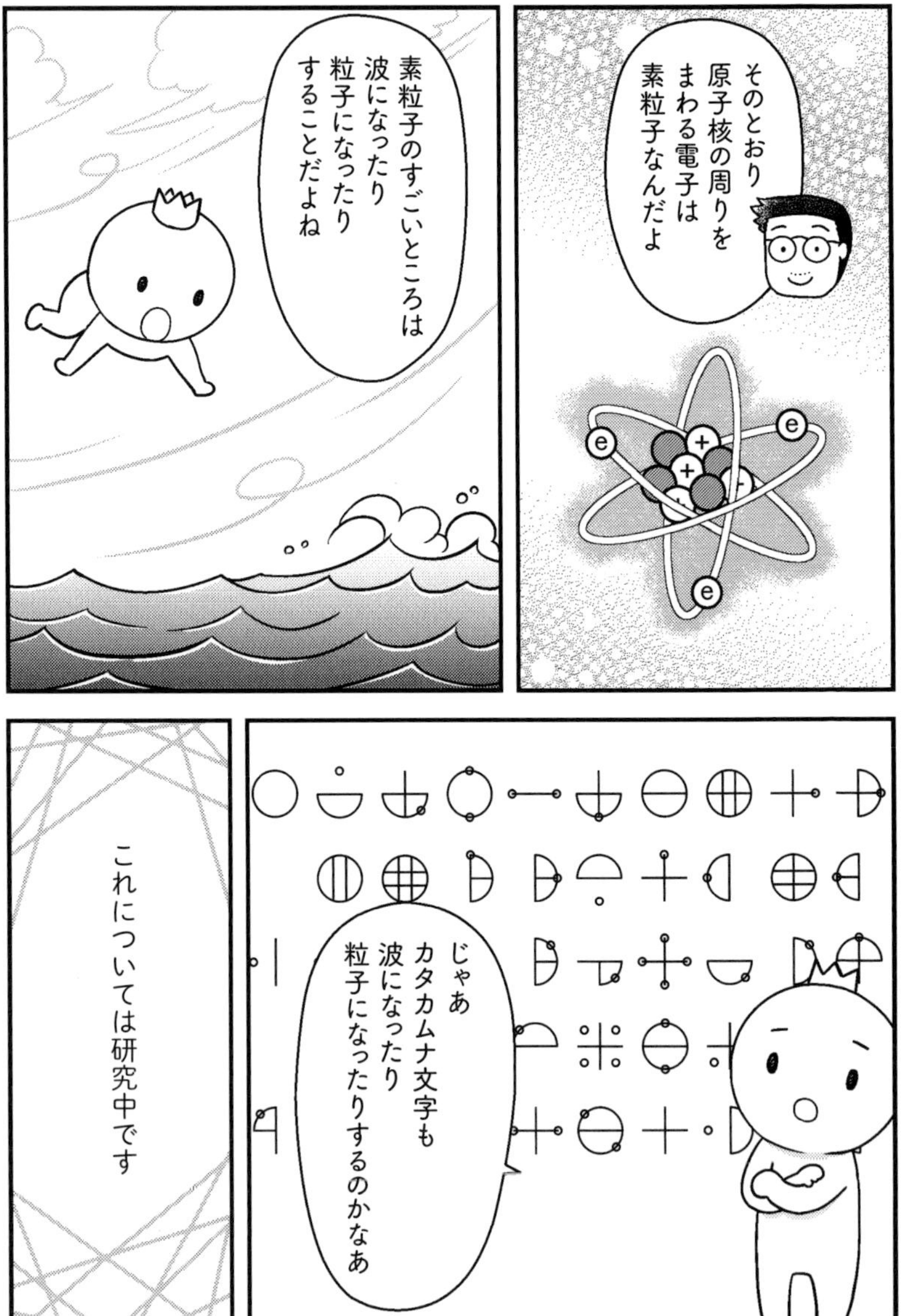
そのとおり
原子核の周りを
まわる電子は
素粒子なんだよ
素粒子のすごいところは
波になったり
粒子になったり
することだよね
じゃあ
カタカムナ文字も
波になったり
粒子になったりするのかなあ
これについては研究中です

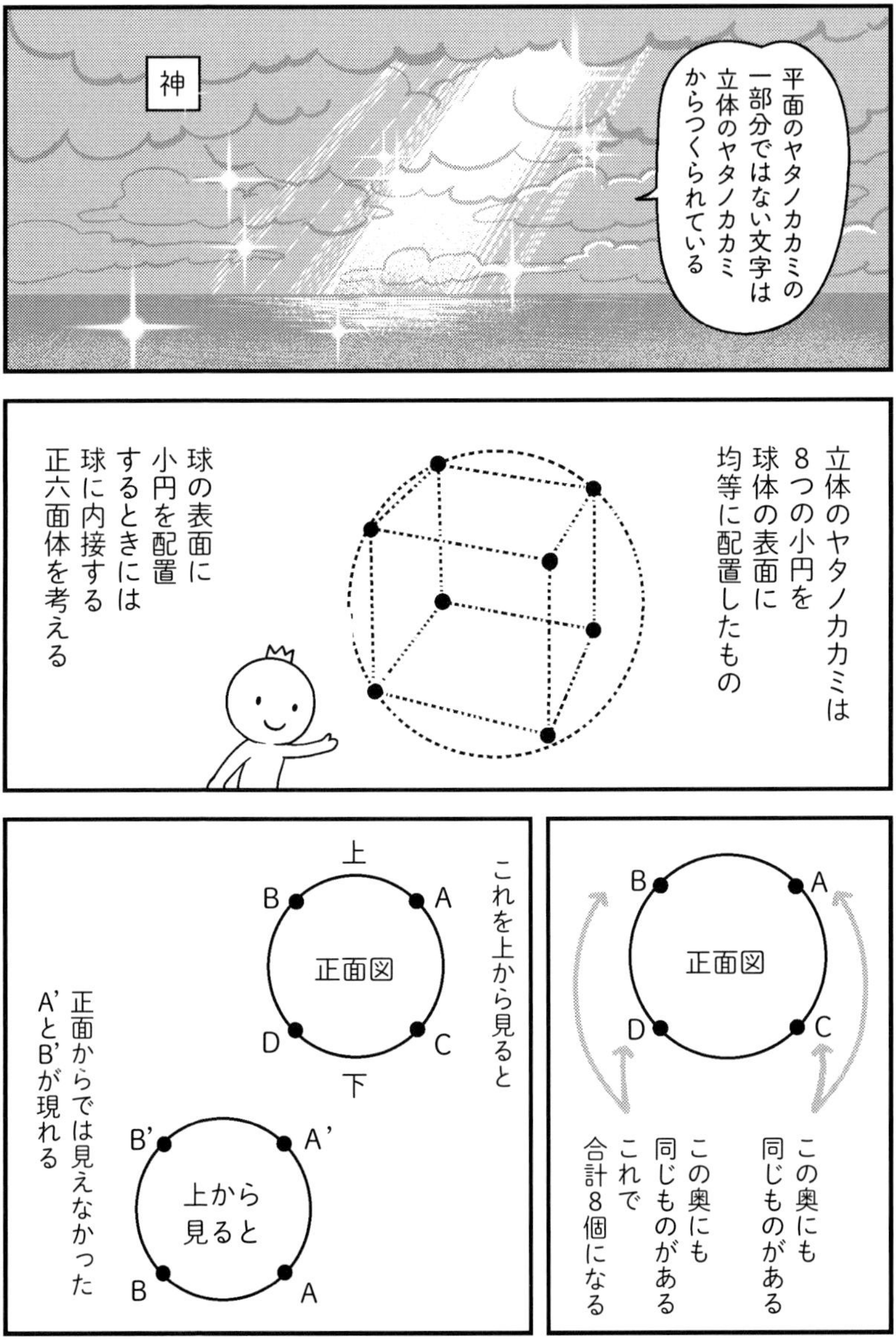

神
平面のヤタノカカミの一部分ではない文字は立体のヤタノカカミからつくられている
立体のヤタノカカミは8つの小円を球体の表面に均等に配置したもの
球の表面に小円を配置するときには球に内接する正六面体を考える
正面図
B
A
D
C
この奥にも同じものがある
この奥にも同じものがあるこれで合計8個になる
これを上から見ると
上
下
正面図
B
A
D
C
正面からでは見えなかったA’とB’が現れる
上から見ると
B’
A’
B
A

まあこのような感じで球の表面上に8つの小円の位置が決まる
神
これが矢印の方向にまわると左の図のようになる
A
B
C
D
これを平面にするとこうなる
なるほど
今度はこれが矢印方向に回転すると
平面で表すとこうなる

とうございました。

お客さんにナマで聴いていただく舞台があり、音や映像の記録があり、そして、本があること。いろんなとっかかりがあることで、芸能は支えられ、継承されていくと思います。一つでも、その支えが多いほうがいい。

長らく斜陽といわれ、絶滅危惧とも言われ続けた浪曲に、いま、若手の入門が相次いでいます。武春師匠に「オレや奈々ちゃんが、最後の浪曲なんだよ」と言われていたときもあったというのに、信じられないような思いです。

聴いてくださるお客さんの、心がやわらぎますように。私の仕事は、実演の舞台も、配信も、こうして文章を書くことも、その思いの表現でしかありません。

読んでいただきまして、ありがとうございました。

この次は、ナマの舞台で、お会いしましょう。

二〇二〇年一一月吉日

玉川奈々福《たまがわななふく》

【協力】

美竹遊民舎　伊藤芳子

【参考文献】

正岡容著　大西信行編『定本　日本浪曲史』（岩波書店）
芝清之編『東西浪曲大名鑑』（東京かわら版）
芝清之著『浪曲人物史　その系図と墓誌録』（「上方芸能」編集部）
唯二郎著、布目英一編『実録　浪曲史』（東峰書房）
南博・永井啓夫・小沢昭一編『うなる：浪花節の世界』〈芸双書第七巻〉（白水社）
芦川淳平著『浪曲の神髄――日本人の魂の叫びが聞こえる』（ＪＤＣ出版）
真鍋昌賢著『浪花節　流動する語り芸――演者と聴衆の近代』（せりか書房）
真鍋昌賢編著『浪花節の生成と展開　語り芸の動態史にむけて』（せりか書房）

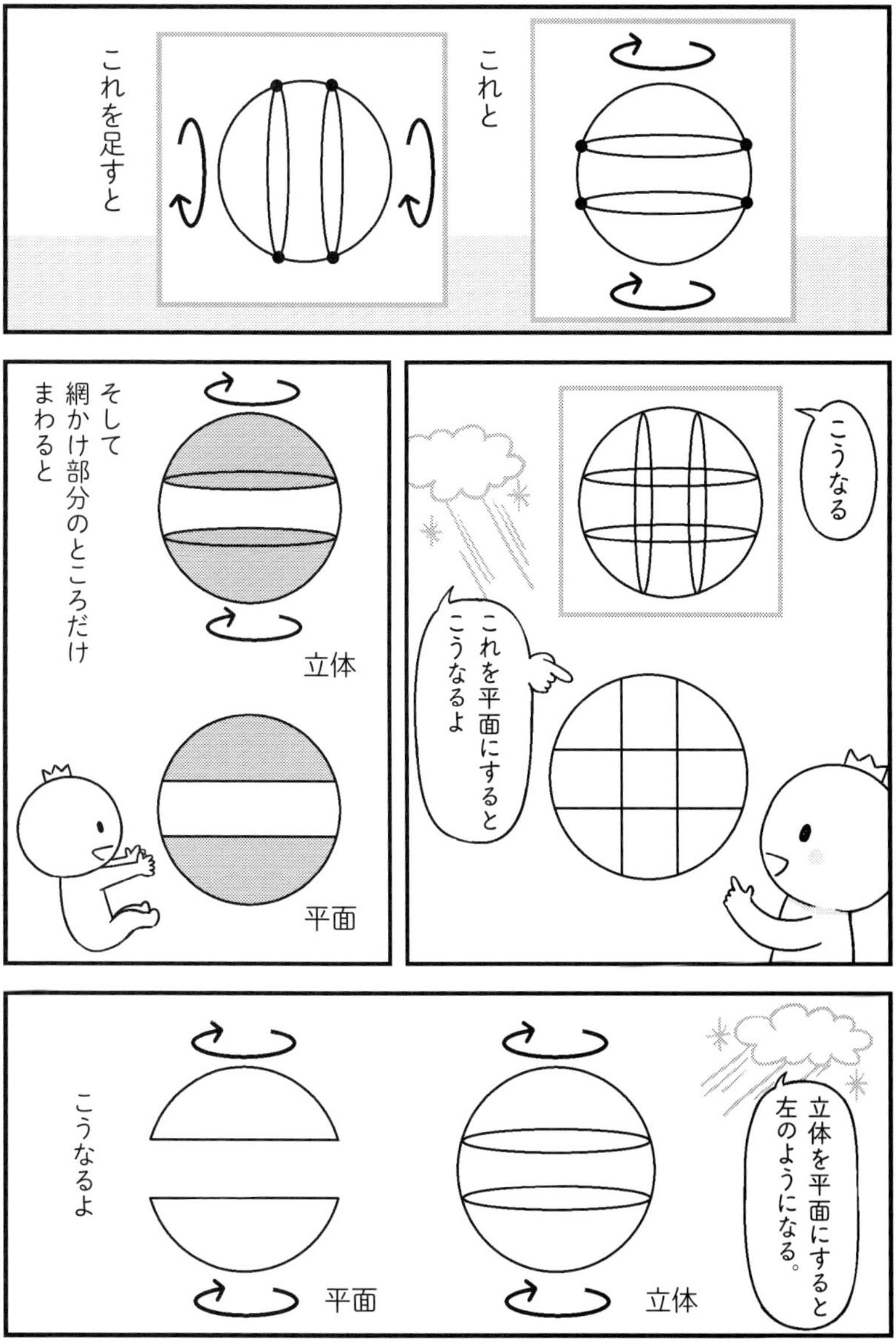
これと
これを足すと
こうなる
これを平面にすると
こうなるよ
そして
網かけ部分のところだけ
まわると
立体
平面
立体を平面にすると
左のようになる。
立体
平面
こうなるよ

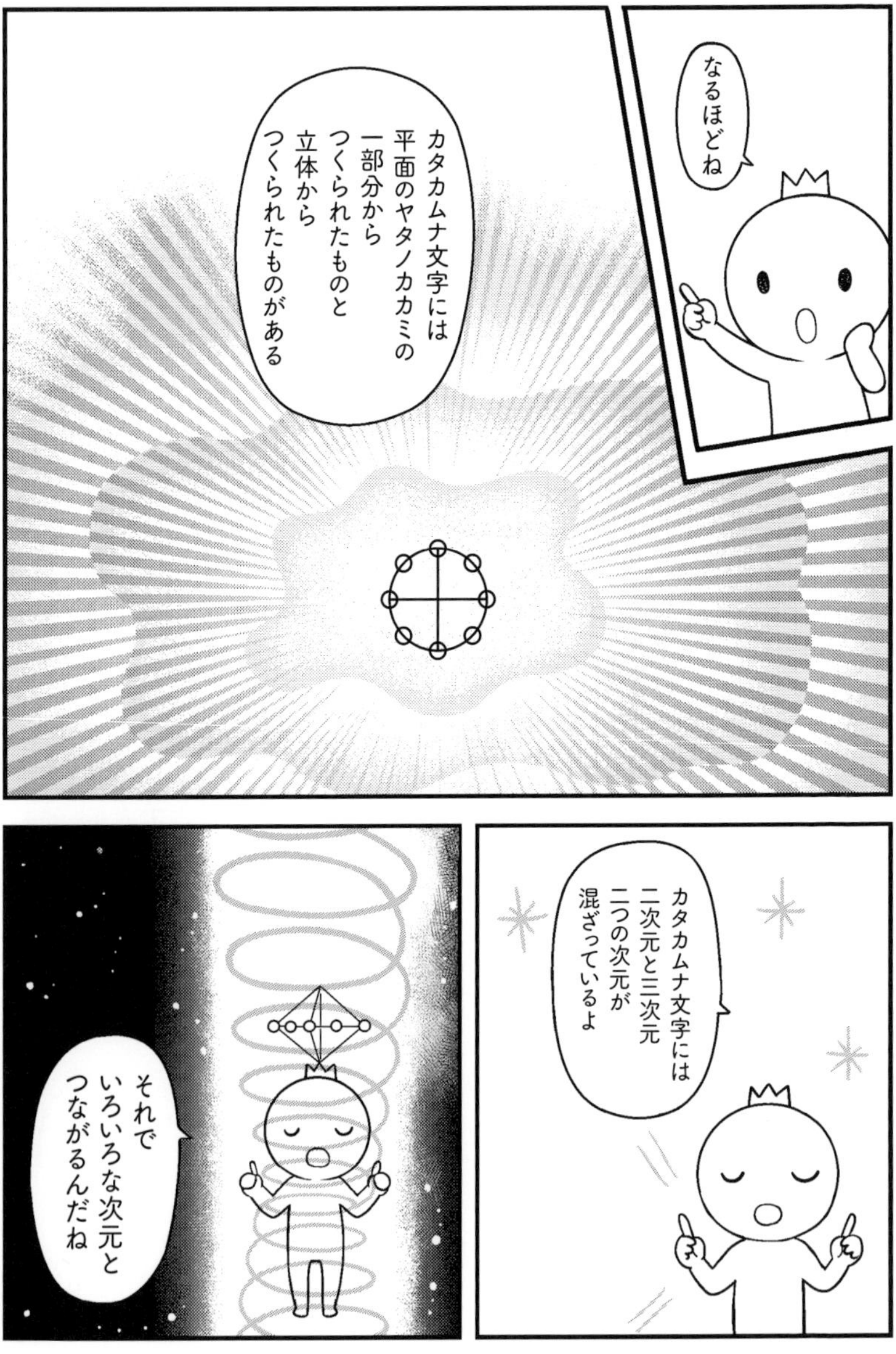
なるほどね
カタカムナ文字には
平面のヤタノカカミの
一部分から
つくられたものと
立体から
つくられたものがある
カタカムナ文字には
二次元と三次元
二つの次元が
混ざっているよ
それで
いろいろな次元と
つながるんだね

カタカムナウタヒとは何か

カタカムナ文献は和歌に似たウタヒとして伝えられてきました。

ウタヒはカタカムナ文字であらわされた五七調の歌で、全部で80首あります。ご神体といわれるだけあって、凛《りん》とした神聖さが感じられます。80首に及ぶウタヒにはカタカムナ人の世界観が書かれています。それは、目に見える世界と見えない世界の二重構造に関すること、すべてのものは閉じたヒモと開かれたヒモで構成されているという超弦理論（※3）など、現代でも解明半ばである宇宙物理学を解き明かす内容が書かれています。

（※3）【超弦理論】すべての物質は粒ではなく極細小のヒモが振動してできているという理論。ヒモの種類や振動の仕方によってさまざまな物質が形づくられる。

資料 2-4 カタカムナウタヒ第７首

マカタマノ　アマノミナカヌシ　タカミムスヒ　カムミムスヒ　ミスマルノタマ

ウタヒの中心図形

カタカムナ文字には48音の他、ウタヒの中心にヤタノカカミ、フトマニ、ミクマリという3つの文字があります。

ミクマリは第1首と第15首のウタヒの中心図形になっていて、円ではなく本来は球を表します。フトマニは本来は立体で、ピラミッドを底辺で合わせた正八面体構造をしているといわれています。ヤタノカカミを含めた3つの文字は立体ですが、超古代には立体をホログラムで表すことができなかったため平面として描かれています。ウタヒの第2首に「ヤタノカカミ　カタカムナ　カミ」と書か

資料 2-5 カタカムナの中心図形

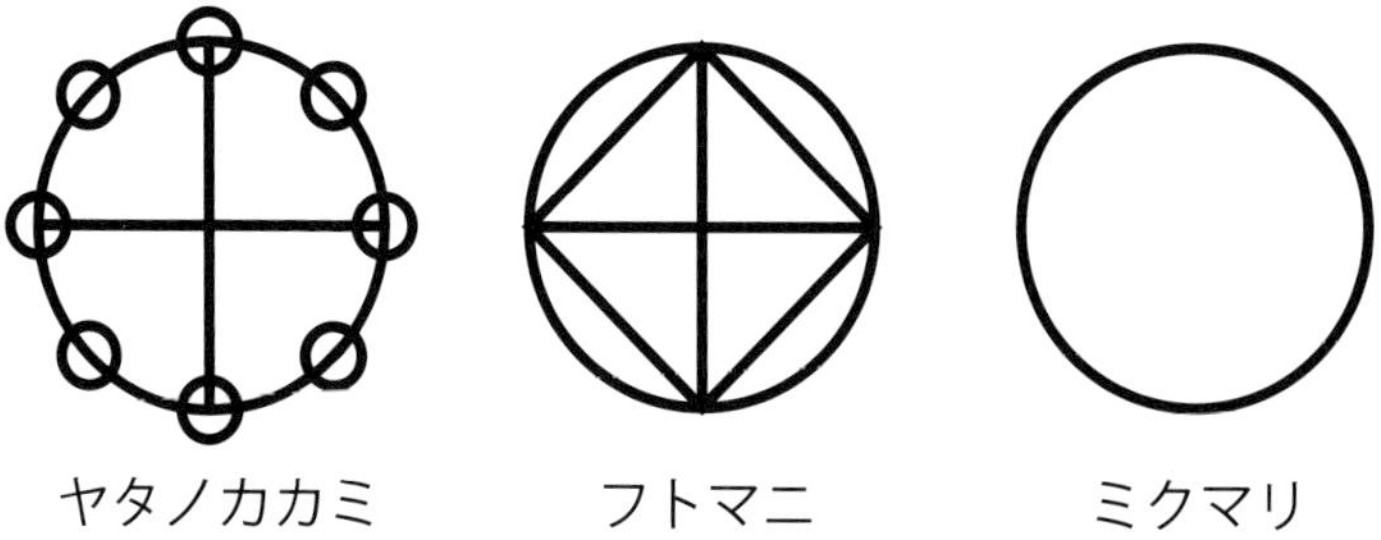

平面に見えるが、カタカムナの中心図形は実は立体図形である

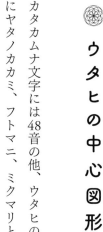

れているように、ヤタノカカミはまさにカタカムナ人にとってすべてを生み出す神のようなものだと考えられていたようです。3つの文字の中でも特に重要なのがヤタノカカミです。というのは、左図のヒフミヨイムナヤコト表のように、大半のカタカムナ文字は、ヤタノカカミからつくられているからです。ヤタノカカミはカタカムナ文字の母胎（マトリックス）なのです。

資料 2-6 ヒフミヨイムナヤコト表

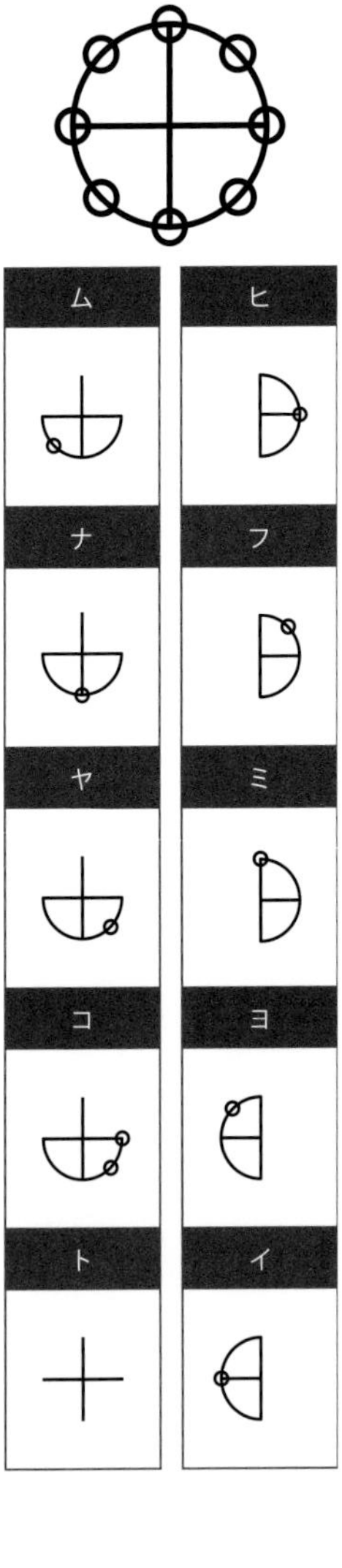

カタカムナ文字の母体

一つひとつのカタカムナ文字を使うときに気をつけることは？
カタカムナ文字の背後にヤタノカカミがあることを知っておくこと
ヤタノカカミ
どうして？
もしヤタノカカミがなければカタカムナ文字は力を持たない
そんなにヤタノカカミは大切なんだ
だってヤタノカカミはカタカムナ文字の母体だからね
母体ってカタカムナ文字がすべてヤタノカカミからできてるってこと!?
MOTHER
イエス カタカムナ文字を生み出すおおもとだっていうことさ

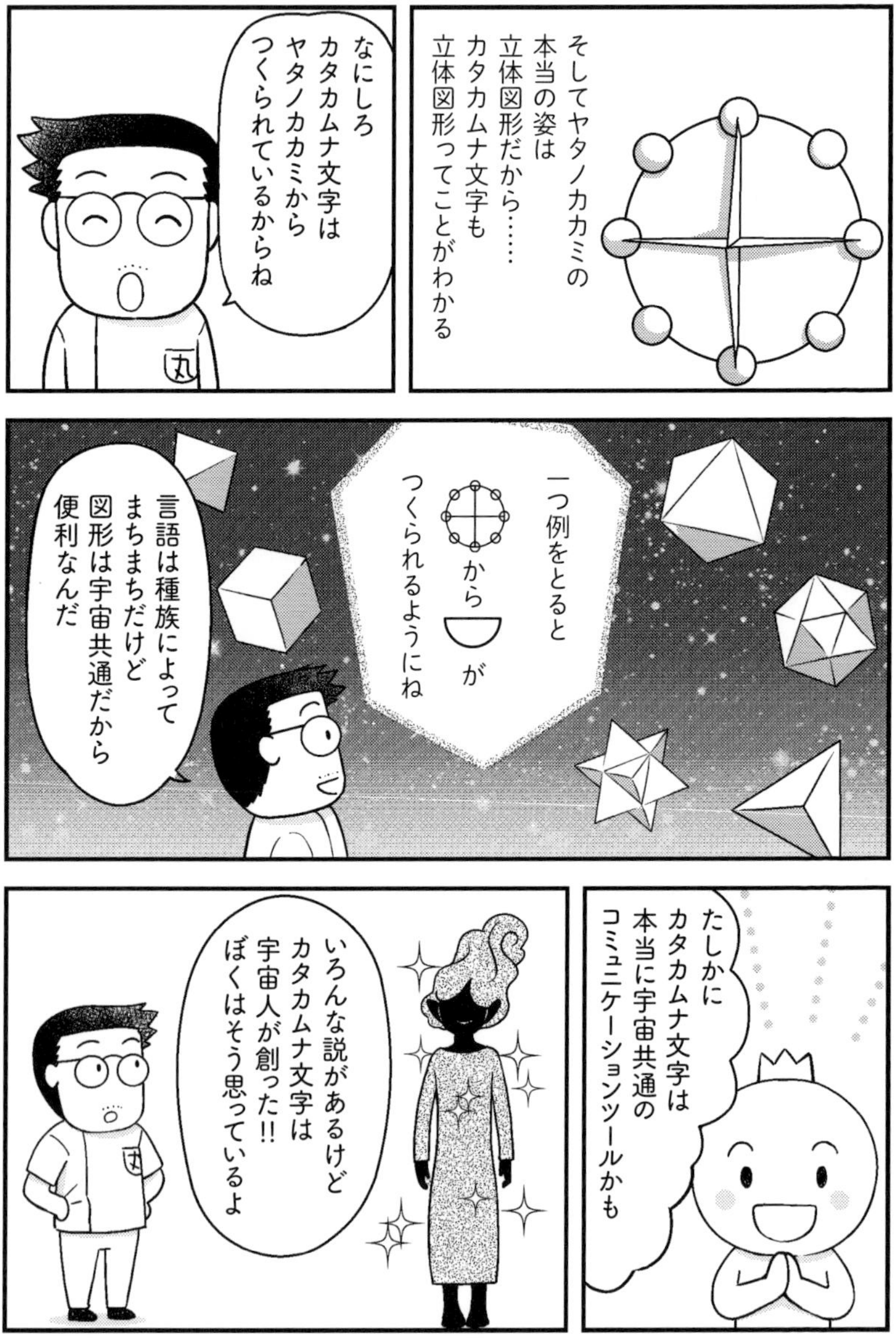
そしてヤタノカカミの
本当の姿は
立体図形だから……
カタカムナ文字も
立体図形ってことがわかる
なにしろ
カタカムナ文字は
ヤタノカカミから
つくられているからね
一つ例をとると
からが
つくられるようにね
言語は種族によって
まちまちだけど
図形は宇宙共通だから
便利なんだ
たしかに
カタカムナ文字は
本当に宇宙共通の
コミュニケーションツールかも
いろんな説があるけど
カタカムナ文字は
宇宙人が創った!!
ぼくはそう思っているよ

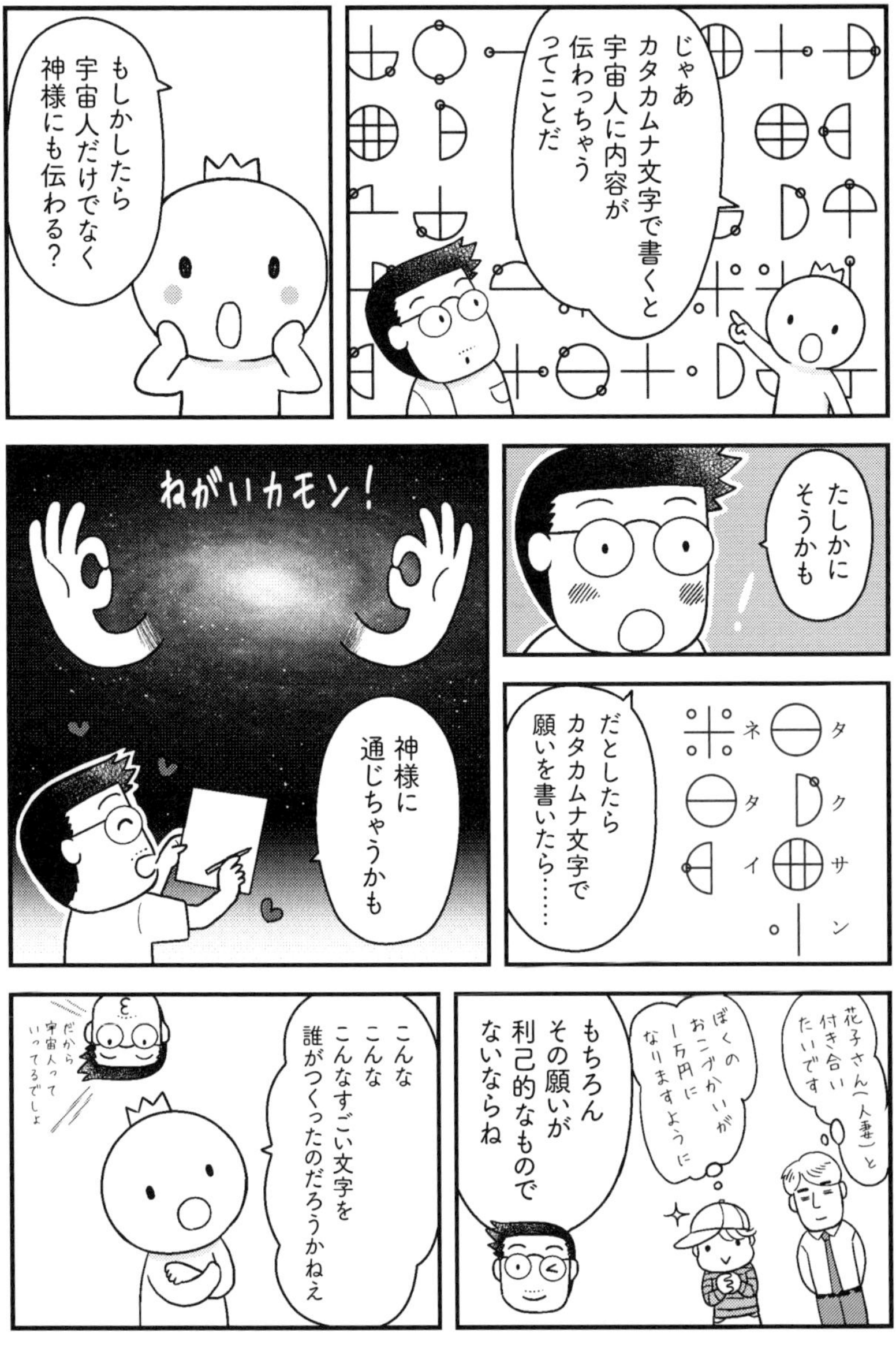

じゃあ カタカムナ文字で書くと 宇宙人に内容が 伝わっちゃう ってことだ
もしかしたら 宇宙人だけでなく 神様にも伝わる?
たしかに そうかも
だとしたら カタカムナ文字で 願いを書いたら……
タ ク サ ン
ネ タ イ
ねがいカモン!
神様に 通じちゃうかも
花子さん(人妻)と 付き合い たいです
ぼくの おこづかいが 1万円に なりますように
もちろん その願いが 利己的なもので ないならね
こんな こんな こんなすごい文字を 誰がつくったのだろうかねえ
だから 宇宙人って いってるでしょ

ウタヒのラセン

カタカムナウタヒは、右回りの渦で書かれています。平面ではありますが、それはまるで、一続きになるように剥《む》いたリンゴの皮を、端を持って垂らしたような立体ラセンを平面に書き写した印象があります。

なぜウタヒはこういった形で表されているのでしょうか。

超古代にはホログラムのような三次元を表記する技術がなかったので、やむなく二次元として記したのです。最新の物理学の世界では、高次元世界にある二次平面のミクロの量子情報が三次元世界にホログラムのように立体として現れるということがいわれています。ヤタノカカミなどの中心図形は、高次元にある二次平面に書かれたミクロの量子情報を三次元に誘導するためのもので、周囲の文字はホログラムのように立体として現れたものを表しているのかもしれません。

もう一つの理由として、ウタヒの右回りの渦は円錐《えんすい》だと考えています。ウタヒが円錐なら、「ヤタノカカミが存在する位置」を基点として、吊るしたバネを引っ張って

資料 2-7 カタカムナウタヒを真上と真横から見る

真上から見た図

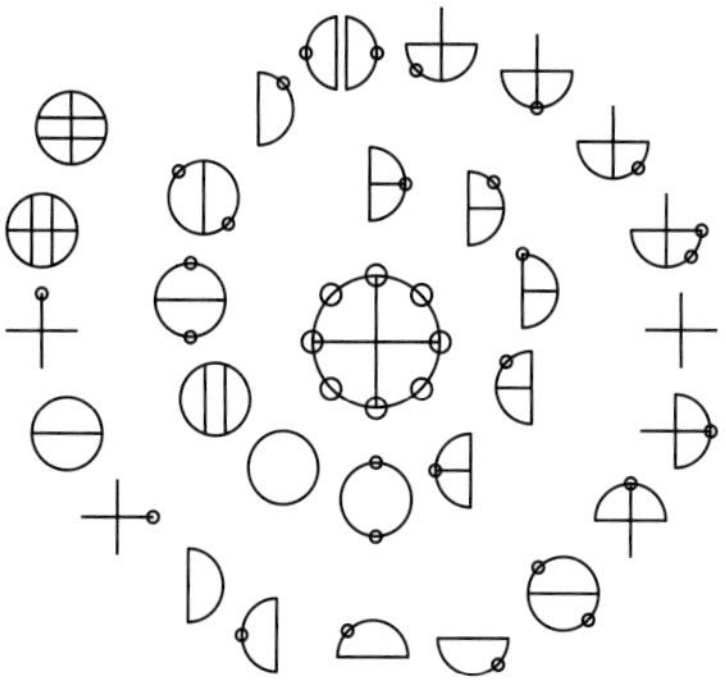

真横から見た図

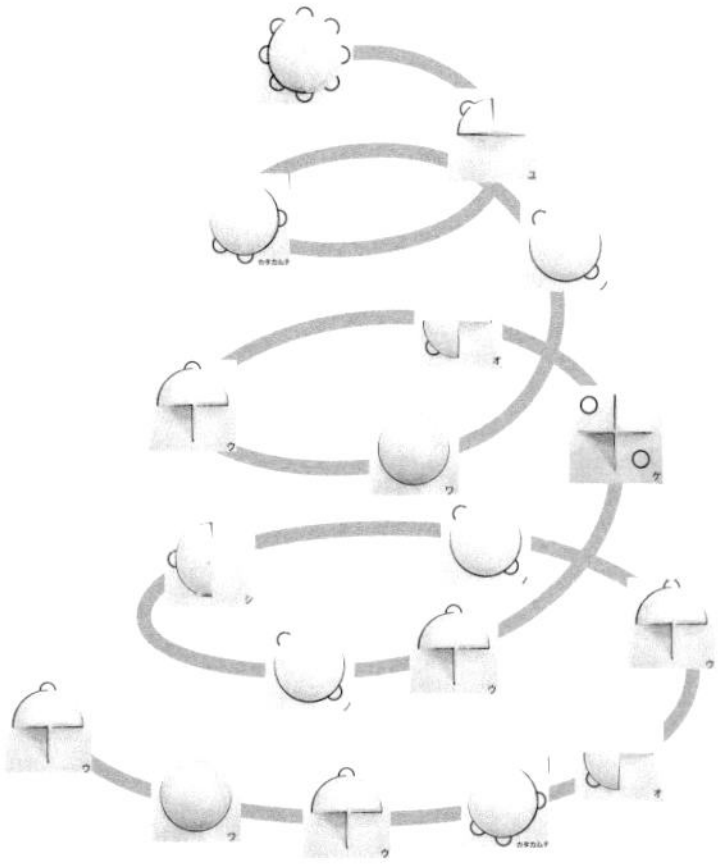

カタカムナウタヒ第5首を、真上から見た図（上）と、真横から見た図（下）。
カタカムナウタヒは、実際はラセンの立体図形である

上下に揺らすように、ヤタノカカミの周囲にあるウタヒの図形がヤタノカカミの上に行ったり下に行ったりできます。その結果、ヤタノカカミの下にある目に見えない世界のものをヤタノカカミの上にある目に見える世界に運ぶことや、また、その逆のことが起こせます。カタカムナ人はそういったことを直感的に知っていて、このように書いた可能性があります。

カタカムナ文字を立体にすることでわかったこと

カタカムナ文字は立体だったと考えた私は、実際にカタカムナ文字を立体でつくってみました。すると、従来の平面図形ではわからなかったことが明らかになってきました。平面図形で円と思われたものは、球を上から見たもので、直線は単なる直線ではなく、正四面体であるピラミッドの稜線だったのです。

エジプトのピラミッド造営よりはるか昔に、カタカムナ人はピラミッド構造の意味を科学的、直観的に知っていたのかもしれません。その構造を使って、高次元世界をこの三次元世界に誘導していたのだと思われます。実際、立体にしたカタカムナ文字でウタヒの第5首をつくり、その上に手をかざすと指先に風が吹いてくるのを感じました。この風は、高次元世界と三次元世界がつながったときにエネルギーの渦ができることで発生した風だと思われます。さらに、立体カタカムナ文字の形を使うと、大気（空間）の磁気と電気（電磁場）をコントロ

資料 2-8 辻麻里子氏のゼロポイント

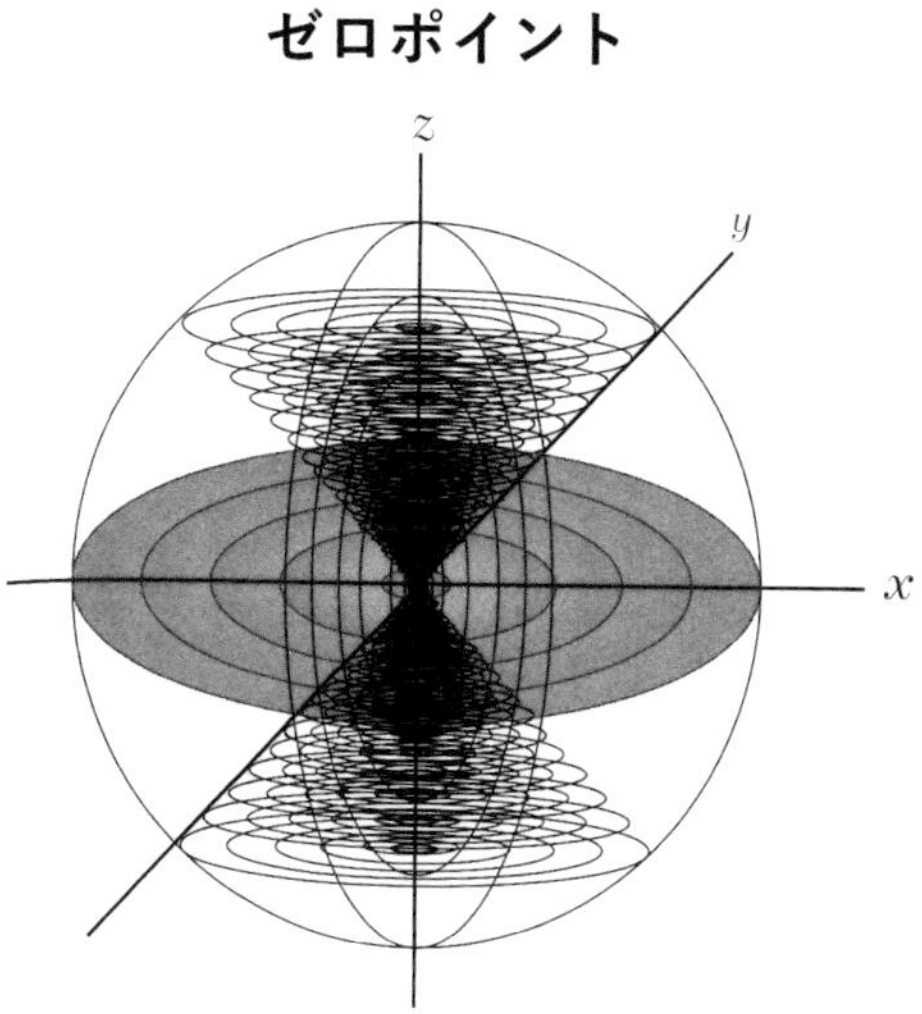

『22を超えてゆけ』（辻麻里子著／ナチュラルスピリット刊）22ページより抜粋。x、y、zが交わる核の部分がゼロポイント

ールできることに気づきました。

このような考察から、カタカムナ人がいかに進歩した人間であったかが大いに推測できます。

第3章

カタカムナと次元

高次元が理解できると奇跡の仕組みが見えてくる

次元とは「マ」のこと

ウタヒ第1首に「マノスヘシ」とあるように、カタカムナは「マ」をコントロールする方法です。そして「マ」とは、空間や時空間などの次元のことを指します。カタカムナを理解するには、次元とは何かをある程度知っておく必要があります。

そこで、これから次元について簡単に説明します。

次元というと、一見難しく思えるかもしれません。次元とは簡単にいえば自由度です。点という次元では、そこから一歩も動くことはできません。かなり不自由です。直線という次元では、前後に進むことはできても、左右に進むことはできません。点よりは自由ですが、綱渡りをしているようで、まだかなり不自由です。面という次元では前後左右へ進めます。かなり自由です。立体という次元では、前後左右の他、上下に動くことができます。つまり、高さや深さといった自由さが手に入ったわけです。これは私たちが住む三次元世界の空間のことです。

三次元に時間の要素が加わると、一つ次元が上がって四次元になります。私たちは、空間的には三次元に住みながら、四次元人として生きています。そして、五次元以上のことを高次元といいます。

高次元では何が起こるのか

高次元世界では、三次元世界ではありえないような奇跡が当たり前のように起こります。たとえば心霊手術のように、麻酔も消毒もせず、皮膚に何一つ傷をつけずに、素手で腫瘍《しゅよう》をとり出すようなことが可能になります。アメリカには一日数千人もの病気の人が集まる村があり、そこには、ジョン・オブ・ゴッドという医師ではない人がいて、一日数千人の患者を治療しています。ジョンは消毒も麻酔もせず多くの人を手術し、治療をおこないます。これも高次元空間に身を置くことではじめて可能となることで、奇跡といえます。奇跡とは、高次元空間で起こる現象のことです。

また、高次元世界では金庫の外から手を中に入れることができます。そのようなことができるなら、自分も高次元世界に行きたいなぁと思うかもしれません。実際、私

資料 3-1 次元を図形化してみる

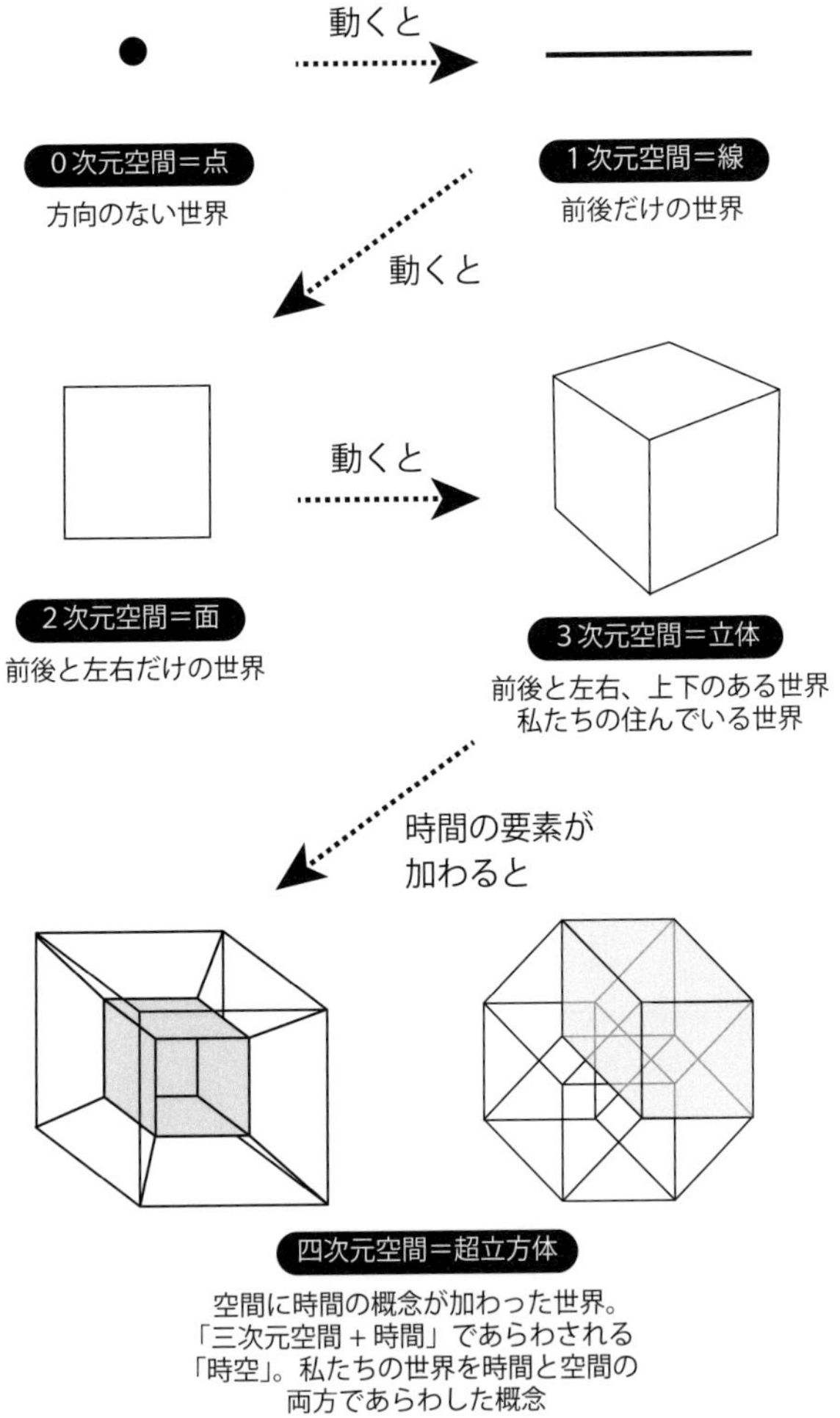

たちは三次元に居ながら高次元世界にも一部、属しています。火事場の馬鹿力というようなことが起こったり、稀《まれ》に私たちが奇跡的なことを起こせるのはそのためです。そして、カタカムナによって、高次元に属する程度が飛躍的に上がると、誰でも奇跡的なことを普通に起こせるようになります。

高次元世界と三次元世界の関係

ウタヒを詠っていて気づいたことがあります。それは、ウタヒを詠うと現れる高次元世界と、私たちがいる三次元世界は、同じところにあるということです。

高次元は、三次元と比べてあまりに回転が速すぎて（周波数が高いともいう）、私たちの目では見ることができません。これは、五感では捉えられないだけで、実際は今ここにある、ということです。それは扇風機が止まっているときにはそれぞれの羽が見えても、回り始めて加速すると羽が見えなくなることに似ています。扇風機の風量設定を最強にすると、もはや羽の形を確認することはできません。円盤のような何かが回っているように見えるだけです。しかし、羽の形を目で確認できなくても、扇風機の羽はなくなったわけではありません。回転が速すぎて見えなくなっているだけです。同じ扇風機の羽でも、回転する速度によって見えたり見えなかったりするのです。この現象と似たことが、次元についても起こっているのだと私は考えています。つまり、目に見える三次元世界は回転数が極めて低く、高次元世界は回転数が極めて高いのだということです。

多くの人は、高次元がこの三次元とかけ離れたところにあると思っています。しかし、高次元世界は私たちが今いるところにあります。ただ、扇風機の風量設定（回転速度）を最強にしたときに羽が見えないように、高次元世界の周波数があまりにも高いため、三次元世界にいる私たちが知覚できないだけで高次元世界は間違いなくここ、私たちが今いるところに存在するのです。

扇風器の風量設定を1にすると一次元。2にすると、1のときより速く回転し、二次元に。3にすると三次元。このように風量設定を上げるにしたがって次元が上がるようなイメージです。羽だけに注目していうと、いつも羽はそこにあります。次元を創造する根源（扇風機の羽にあたる）はいつも私たちがたった今いるここに存在するということです。そして扇風機の羽にあたるものが、自分がいる世界を感じることができる私たちの意識なのだと考えることができます。

高次元に触れてみる

カタカムナウタヒを詠む、ウタヒに指で触れることによって、自分や自分の周りにあるものの振動数（回転数）が上がる場合があります。すると、今より少し高次元に自分が触れたり、その次元と一つになったりすることがあります。

カタカムナウタヒを詠うと身体が熱くなったり、カタカムナウタヒを貼ると振動を感じたりするのは、もともとある三次元の周波数を、ウタヒが高次元の周波数まで上げたためです。次元が低いか高いかを決めるのは周波数、つまり回転です。

そこで、高次元を誘導しやすくするために考案したのが、回転の要素を加えた「高次元カタカムナ文字」です。オリジナルのカタカムナ文字を使うだけでも高次元に触れることができますが、回転の要素が加わった高次元カタカムナ文字を使うと、さらに次元が高くなります。

回転の要素を加えた元のカタカムナ文字には、正常な電子のスピンの仕方や順番に関する情報が含まれているので、それらを使うと、人体を構成する電子のスピンもまた、調和と秩序を取り戻します。その結果、心身の不調が治ります。さらに、それに回転の要素が加わった高次元カタカムナ文字は、より強力に人体や心に確実に作用を及ぼします。

Column

次元って案外こんなものかも!?

次元は扇風機にたとえることができます。左図では、0↓A↓B↓Cの順に次元が高くなっています。次元が変わると、より快適に扇風機を楽しめるのと同じことが起こります。

0次元
スイッチオフの状態

A次元
羽根が1分間に
10回まわる

B次元
首を振りながら、
羽根が1分間に
10回まわる

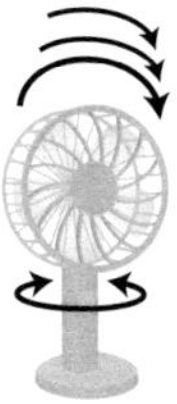

C次元
首を振る速度が
4倍になって、
羽根が1分間に
1000回まわる

心で知る次元

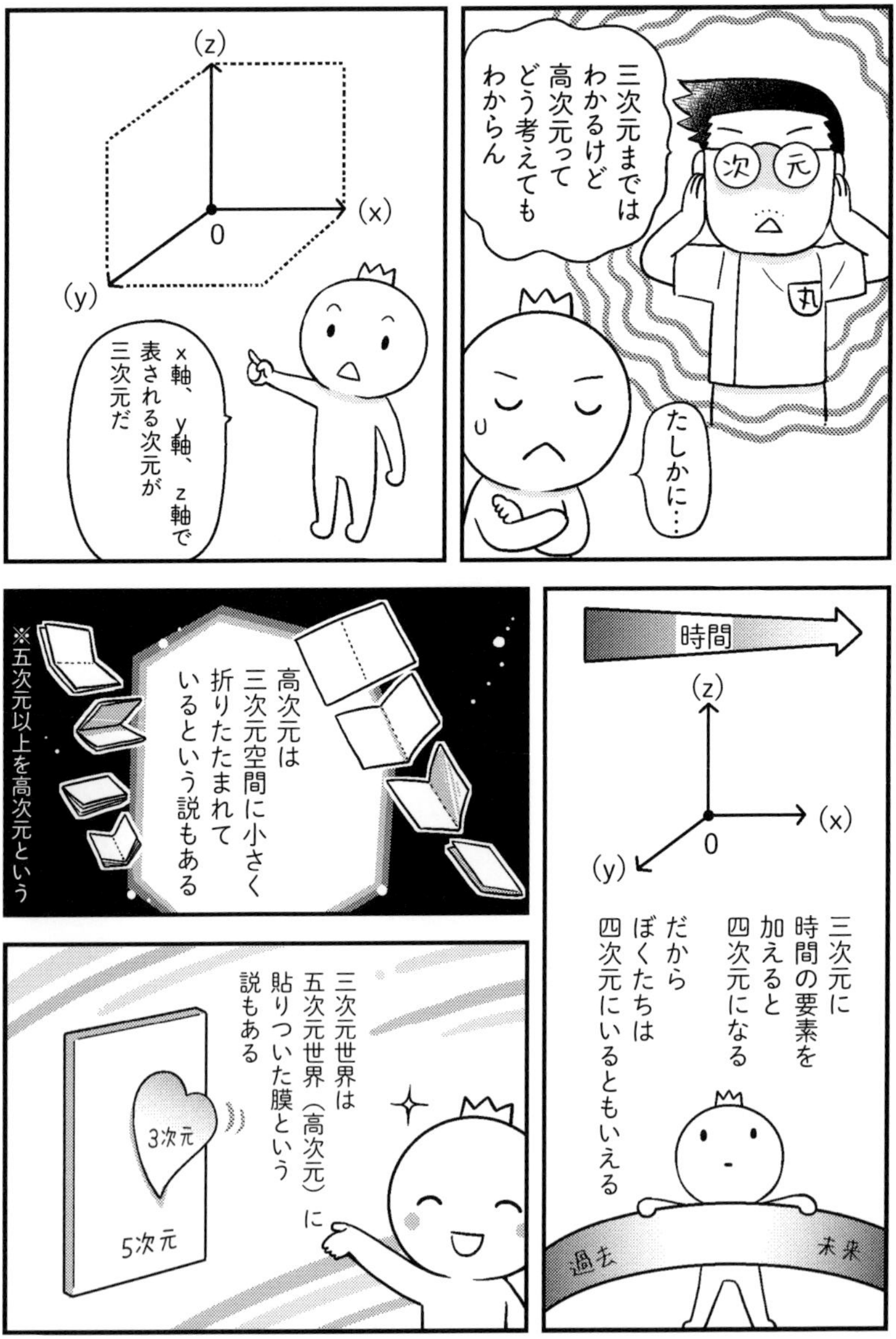
三次元までは
わかるけど
高次元って
どう考えても
わからん
次
元
丸
たしかに…
(z)
(x)
0
(y)
x軸、y軸、z軸で
表される次元が
三次元だ
時間
(z)
(x)
0
(y)
三次元に
時間の要素を
加えると
四次元になる
だから
ぼくたちは
四次元にいるともいえる
過去
未来
高次元は
三次元空間に小さく
折りたたまれて
いるという説もある
※五次元以上を高次元という
三次元世界は
五次元世界（高次元）に
貼りついた膜という
説もある
3次元
5次元

何が正しいのかが
次元についてはわからん
高次元
3次元
ぼくは次元
高次元が
なんとなく
わかってきたかも
ぼくたちは
次元を考えるとき
頭で考える
次元
そら頭（脳）で
考えるよね
頭で考えるのは
普通だよ
それって
固定観念かもよ
次元!?
高次元
ぼくがいうのもなんだけど
今次元について
わかっていることは
顕在意識が頭（脳）で
考えたことだと思うんだ

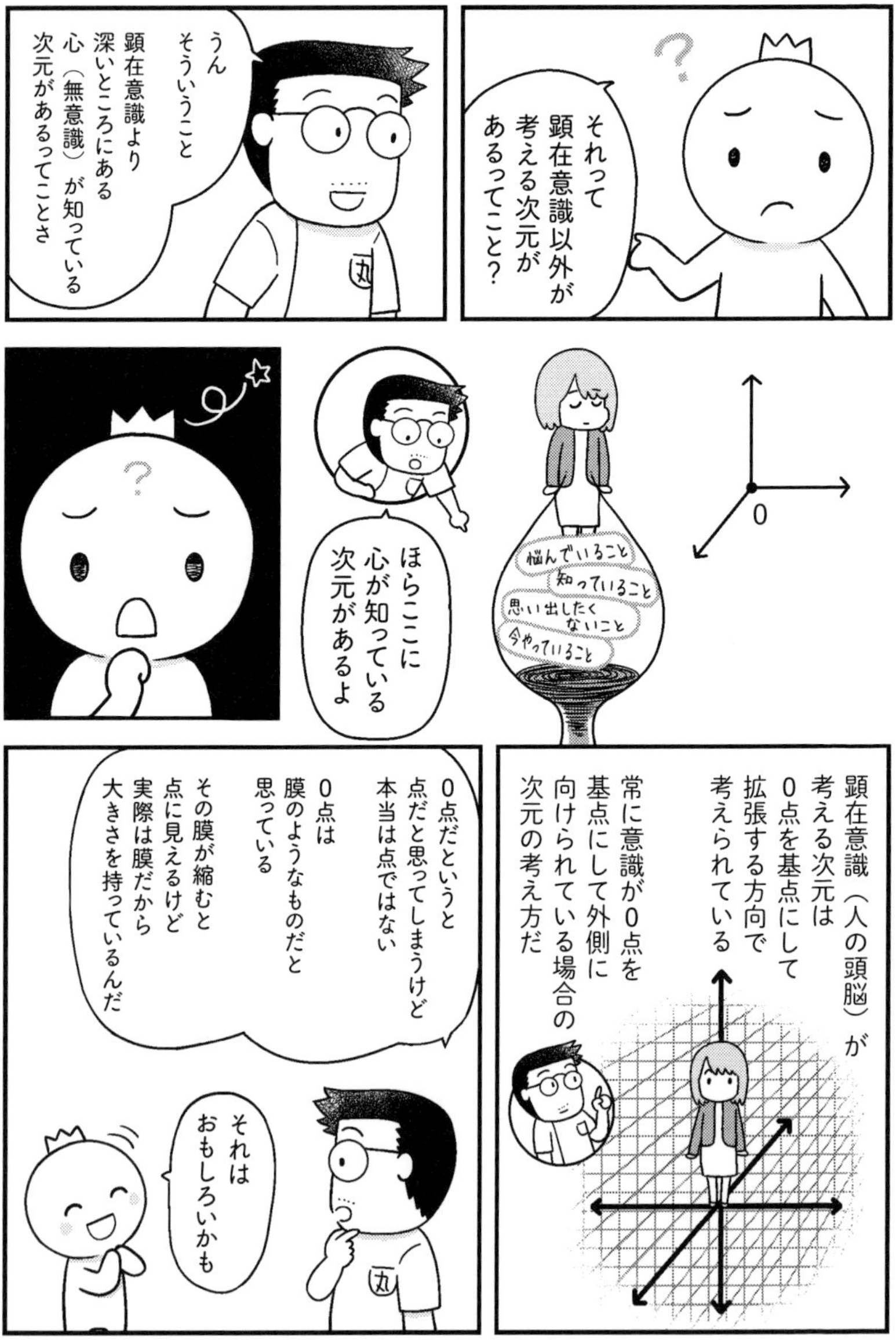
それって顕在意識以外が考える次元があるってこと？
うん そういうこと 顕在意識より深いところにある心（無意識）が知っている次元があるってことさ
0
悩んでいること
知っていること
思い出したくないこと
今やっていること
ほらここに心が知っている次元があるよ
顕在意識（人の頭脳）が考える次元は0点を基点にして拡張する方向で考えられている
常に意識が0点を基点にして外側に向けられている場合の次元の考え方だ
0点だというと点だと思ってしまうけど本当は点ではない
0点は膜のようなものだと思っている
その膜が縮むと点に見えるけど実際は膜だから大きさを持っているんだ
それはおもしろいかも

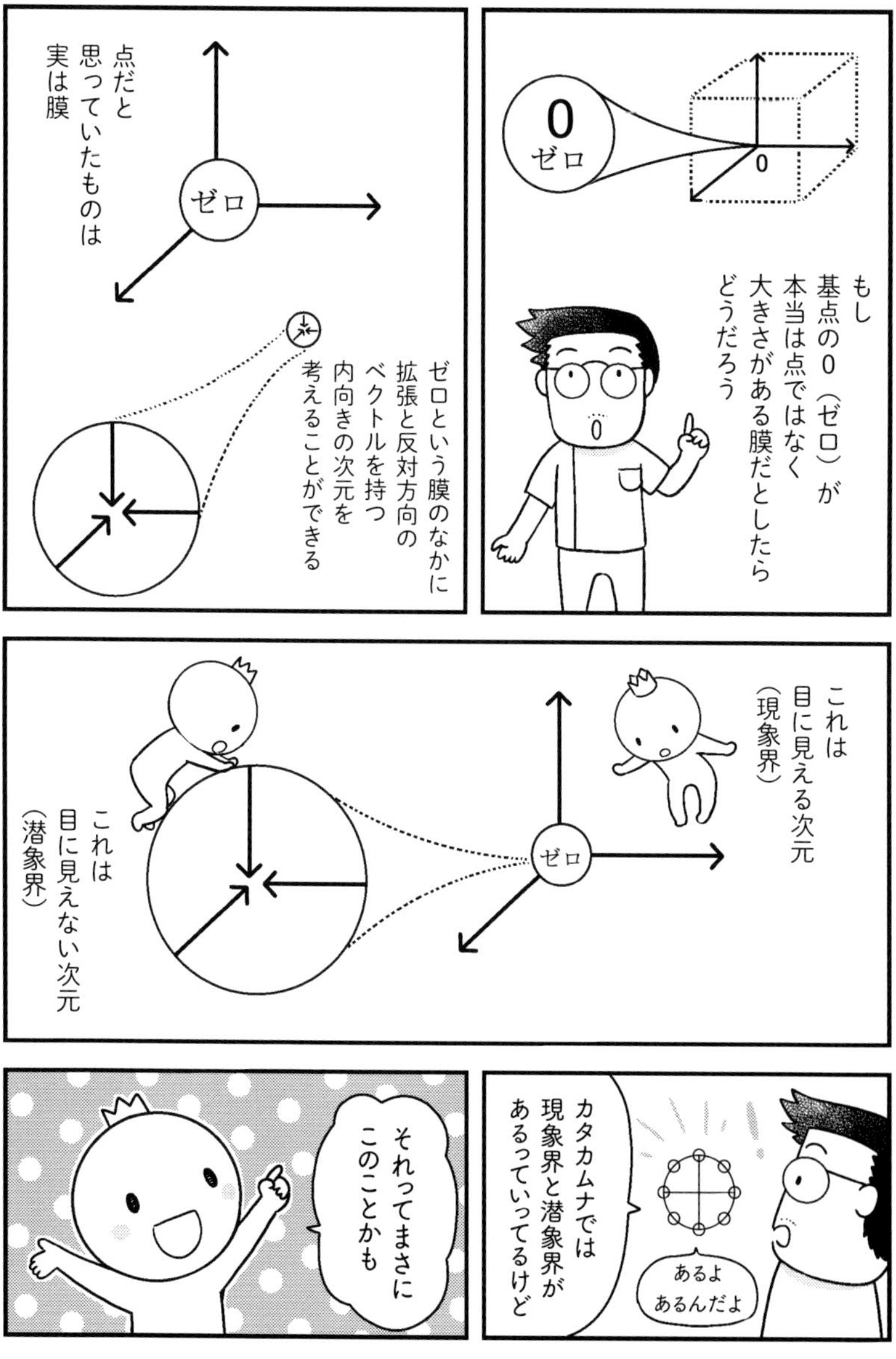

0
ゼロ
0
もし
基点の0（ゼロ）が
本当は点ではなく
大きさがある膜だとしたら
どうだろう
点だと
思っていたものは
実は膜
ゼロ
ゼロという膜のなかに
拡張と反対方向の
ベクトルを持つ
内向きの次元を
考えることができる
これは
目に見える次元
（現象界）
ゼロ
これは
目に見えない次元
（潜象界）
カタカムナでは
現象界と潜象界が
あるっていってるけど
あるよ
あるんだよ
それってまさに
このことかも

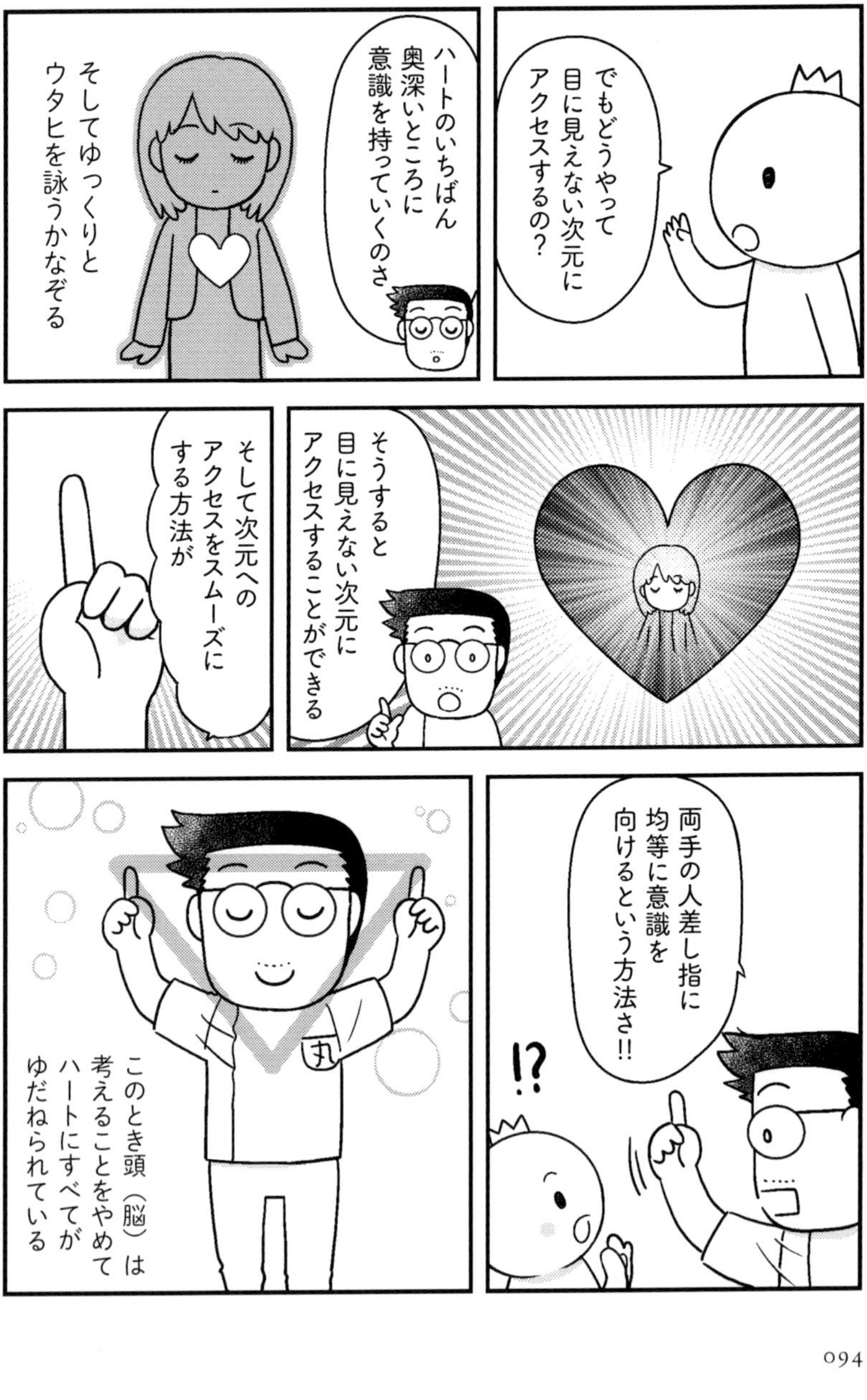
でもどうやって
目に見えない次元に
アクセスするの？
ハートのいちばん
奥深いところに
意識を持っていくのさ
そしてゆっくりと
ウタヒを詠うかなぞる
そうすると
目に見えない次元に
アクセスすることができる
そして次元への
アクセスをスムーズに
する方法が
両手の人差し指に
均等に意識を
向けるという方法さ!!
!?
丸
このとき頭（脳）は
考えることをやめて
ハートにすべてが
ゆだねられている

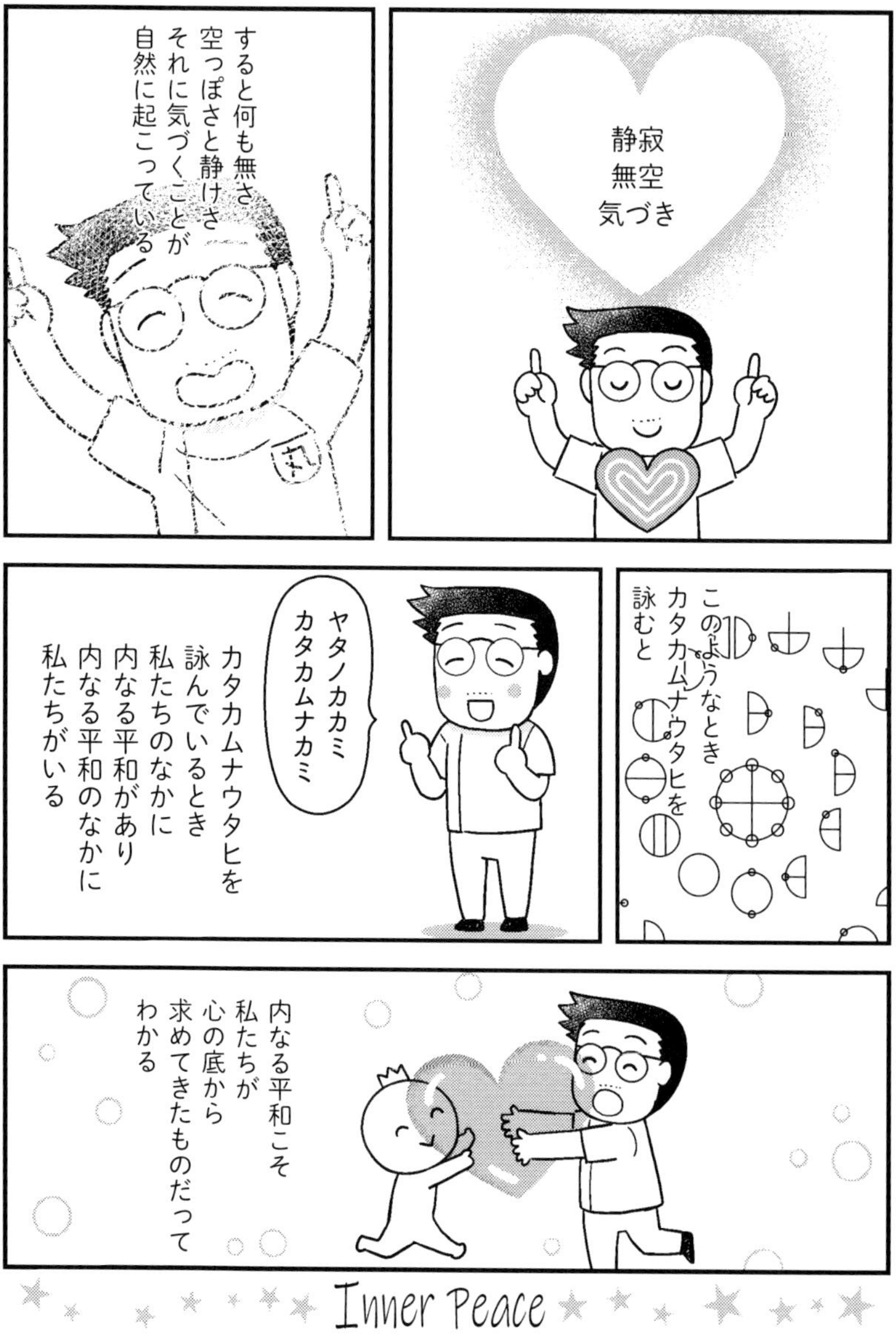
静寂
無空
気づき
すると何も無さ
空っぽさと静けさ
それに気づくことが
自然に起こっている
このようなとき
カタカムナウタヒを
詠むと
ヤタノカカミ
カタカムナカミ
カタカムナウタヒを
詠んでいるとき
私たちのなかに
内なる平和があり
内なる平和のなかに
私たちがいる
内なる平和こそ
私たちが
心の底から
求めてきたものだって
わかる
Inner Peace

ゼロ点の意味

マンガで示したゼロ点が、点ではなく膜だということには重要な意味があります。ゼロ点が点だとすると、ゼロ点から外側への次元しか考えられませんが、ゼロ点が膜だとすると、ゼロ点という膜の内側への次元も考えられるからです。ゼロ点が膜ということに関して、もう一つ重要なことがあります。それは、この膜が呼吸をするように縮んだり拡がったりするということです。そして、膜が伸縮するたびに、後の章で説明するスカラー場（重力をもつ場）が現れます。ヤタノカカミやフトマニ、ミクマリは、この膜状のゼロ点の形を示したものではないかと私は考えています。さらに、このゼロ点はブラックホールの特異点のような働きをするのではないかと考えています。これについては研究が深まったときにお知らせします。

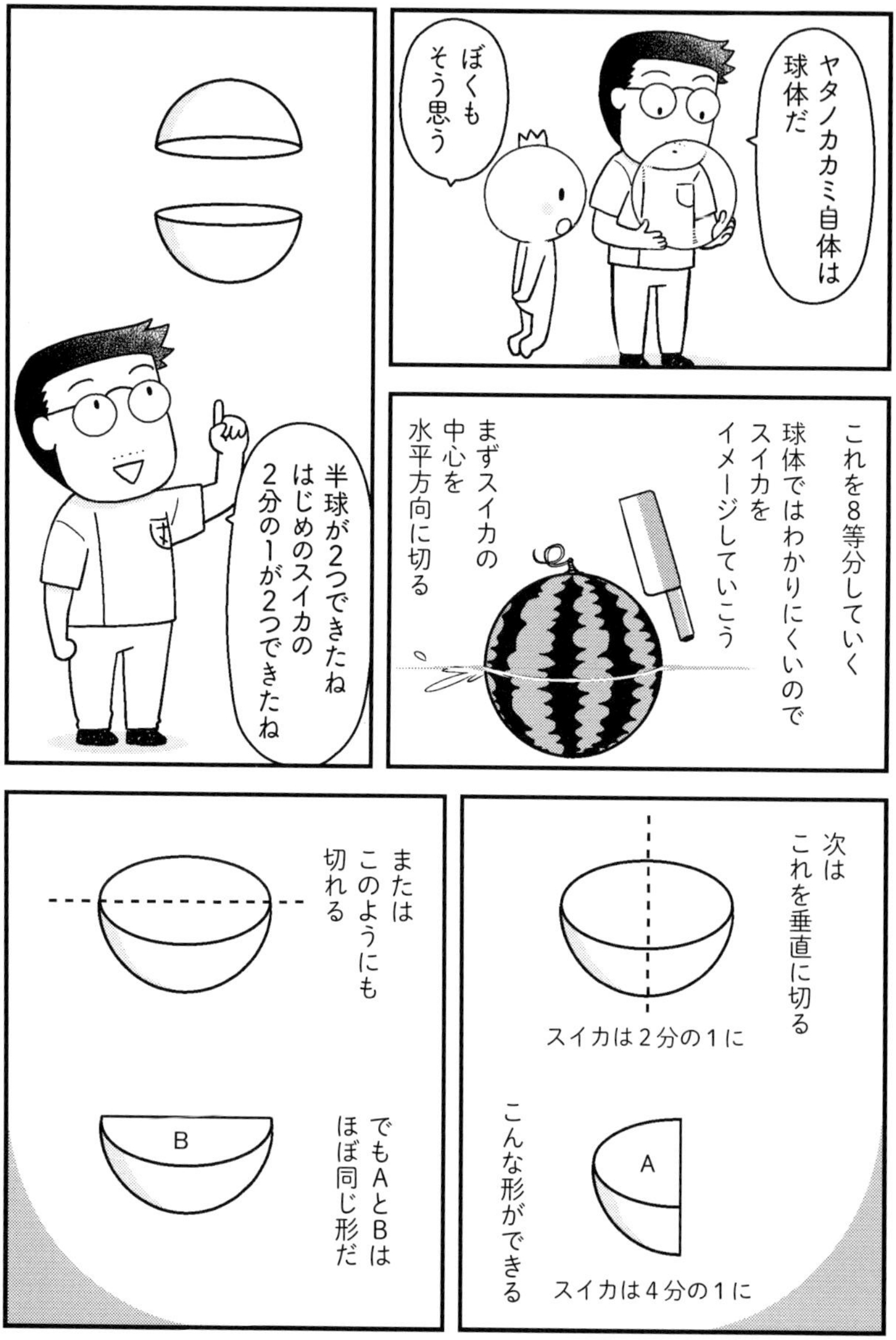
ヤタノカカミ自体は球体だ
ぼくもそう思う
これを8等分していく
球体ではわかりにくいので
スイカをイメージしていこう
まずスイカの中心を水平方向に切る
半球が2つできたね
はじめのスイカの2分の1が2つできたね
次はこれを垂直に切る
スイカは2分の1に
こんな形ができる
A
スイカは4分の1に
またはこのようにも切れる
B
でもAとBはほぼ同じ形だ

さらに
これを切る
すると
スイカは
こんな形になる
スイカは８分の１に
あれっ
これって
もしかしたら
と
は
スイカの大きさでいえば
1分の1の
大きさを示す
これなどの
カタカムナ文字は
2分の1のスイカ
スイカの2分の1の
大きさのものを
示すのかも
4分の1のスイカ
そして
これにもう1本筋が
入っている
などは
4分の1の大きさのスイカを
表すのではないかと思ったんだ

8分の1の
スイカ
そしてこれらは8分の1のスイカを表すんじゃないかと思ったんだ
なるほど
まずこれらはヤタノカカミの球体のどれくらいの体積に作用するかを決めていると思う
これらはサイズが同じ8分の1の体積に作用するとしてもヤタノカカミのどこに作用するかが違うために
このような表記になっているんだと思う
スイカを上から見たとき
B'
A'
D'
C'
スイカを下から見たとき
F'
E'
H'
G'
つまりABCDEFGHのどの部分に作用するかが違うので同じ形が回転しているように文字をつくった

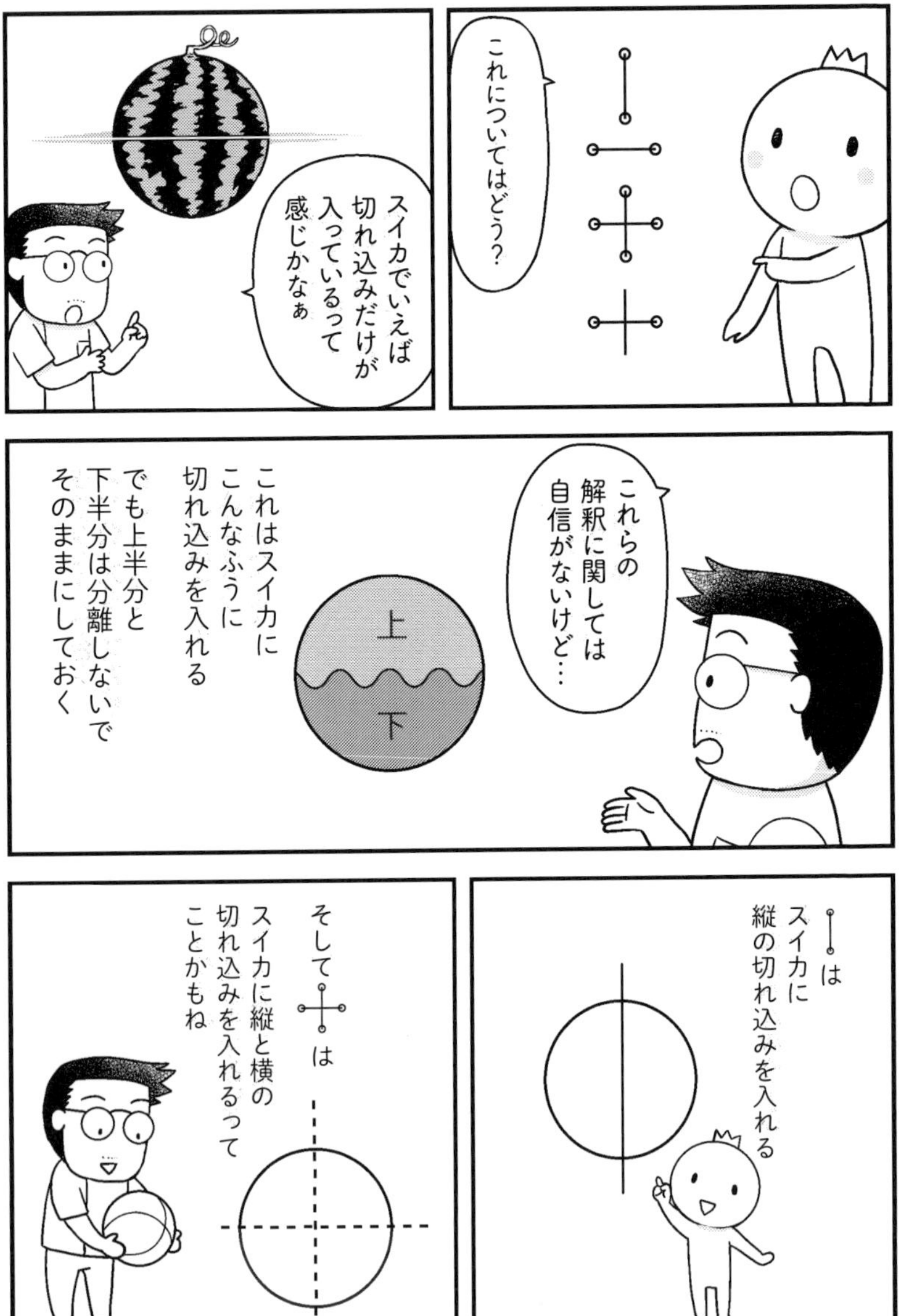
これについてはどう？
スイカでいえば切れ込みだけが入っているって感じかなぁ
これらの解釈に関しては自信がないけど…
これはスイカにこんなふうに切れ込みを入れる
でも上半分と下半分は分離しないでそのままにしておく
上
下
は
スイカに縦の切れ込みを入れる
そして
は
スイカに縦と横の切れ込みを入れるってことかもね

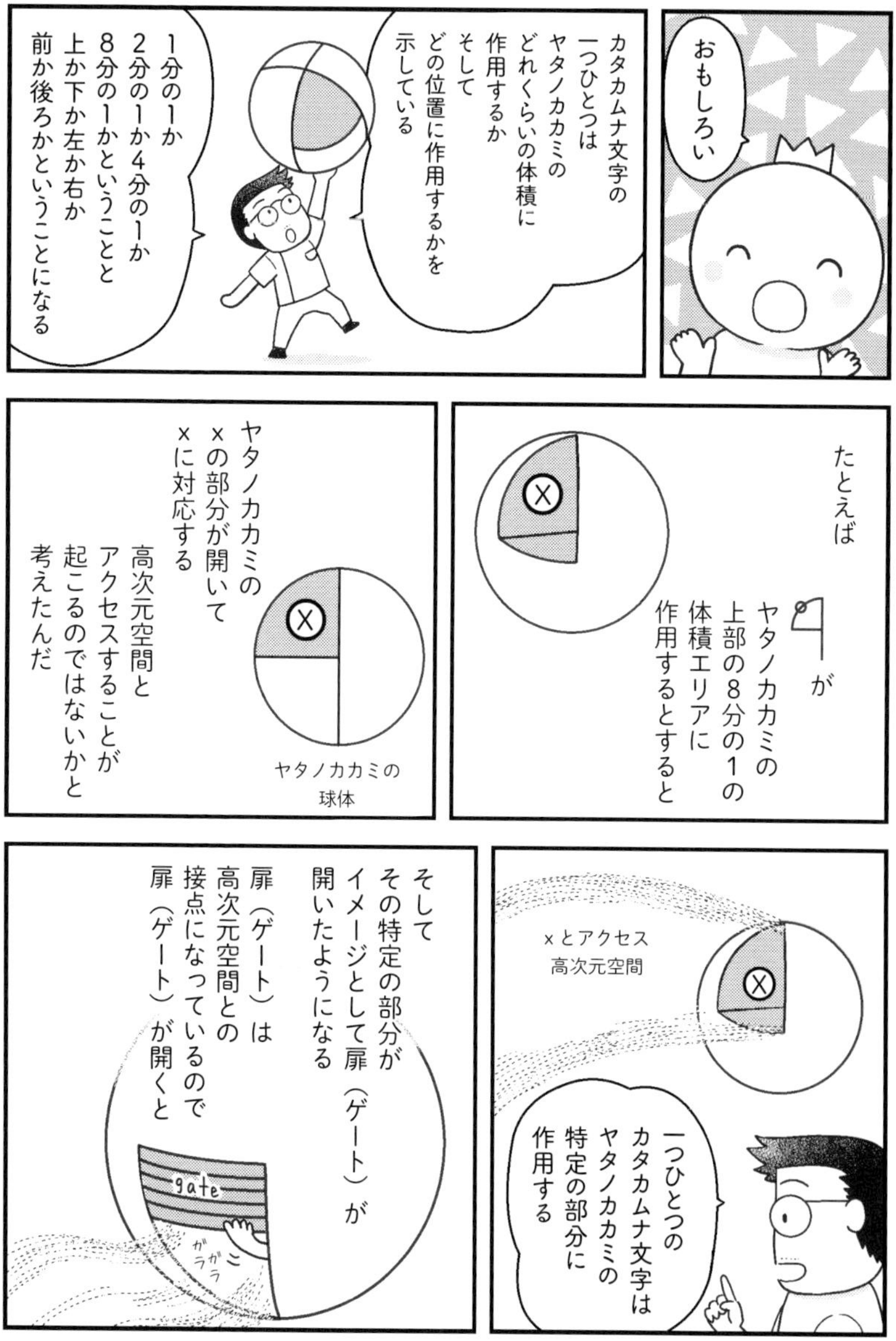
おもしろい
カタカムナ文字の一つひとつはヤタノカカミのどれくらいの体積に作用するかそしてどの位置に作用するかを示している
1分の1か2分の1か4分の1か8分の1かということと上か下か左か右か前か後ろかということになる
たとえば
がヤタノカカミの上部の8分の1の体積エリアに作用するとすると
ヤタノカカミの×の部分が開いて×に対応する
高次元空間とアクセスすることが起こるのではないかと考えたんだ
ヤタノカカミの球体
×とアクセス
高次元空間
一つひとつのカタカムナ文字はヤタノカカミの特定の部分に作用する
そしてその特定の部分がイメージとして扉（ゲート）が開いたようになる
扉（ゲート）は高次元空間との接点になっているので扉（ゲート）が開くと
gate
ガラガラ

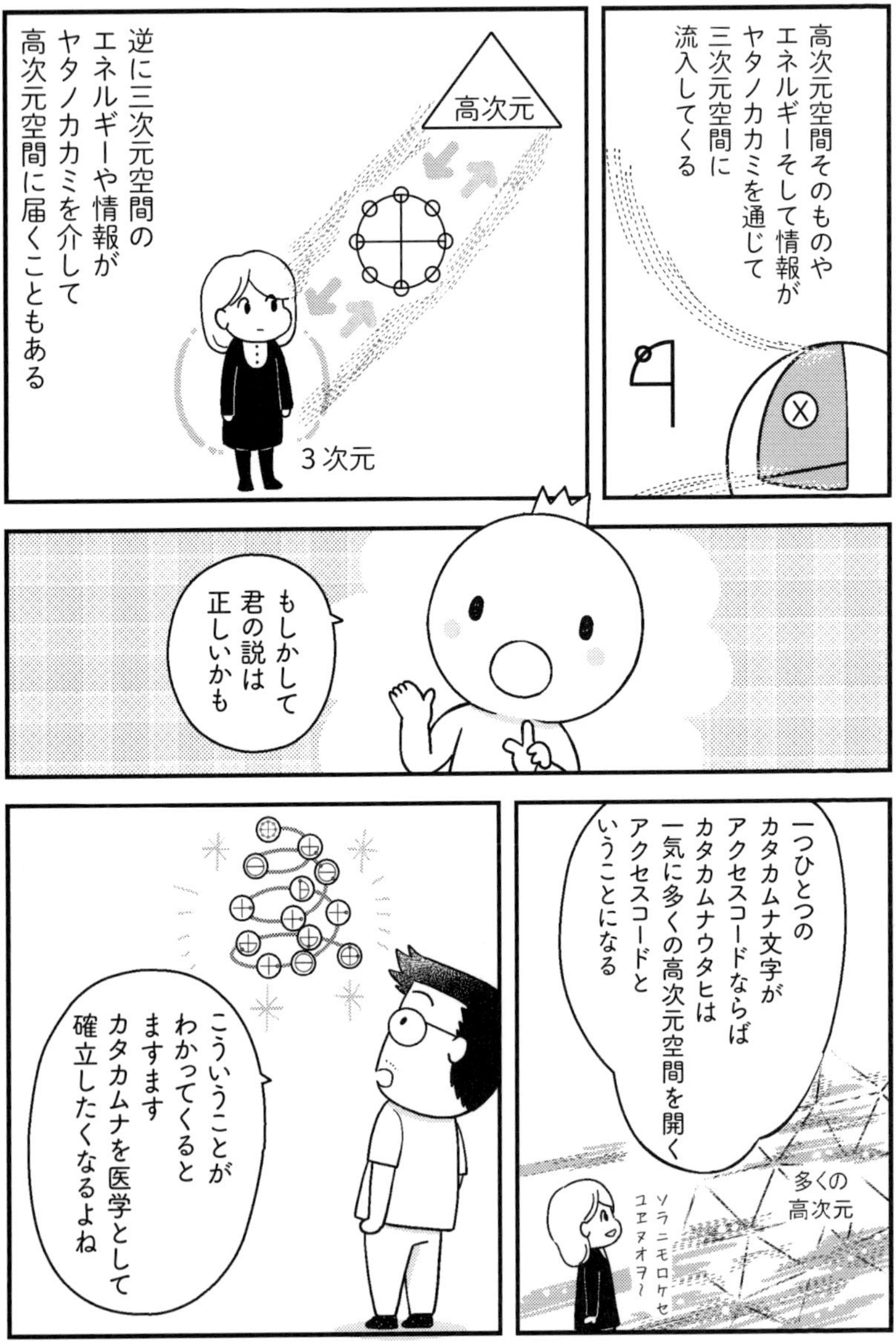

高次元空間そのものやエネルギーそして情報がヤタノカカミを通じて三次元空間に流入してくる
高次元
逆に三次元空間のエネルギーや情報がヤタノカカミを介して高次元空間に届くこともある
3次元
もしかして君の説は正しいかも
一つひとつのカタカムナ文字がアクセスコードならばカタカムナウタヒは一気に多くの高次元空間を開くアクセスコードということになる
多くの高次元
ソラニモロケセ ユヱヌオヲ～
こういうことがわかってくるとますますカタカムナを医学として確立したくなるよね

第 4 章

高次元カタカムナ文字の誕生

自転する立体文字

とにかく美しい高次元カタカムナ文字

元のカタカムナ文字は記号のような形をしていて、それはそれで美しいのですが、高次元カタカムナ文字は輪をかけて美しく安定した形をしています。そして、一つひとつの高次元カタカムナ文字を見ていると癒されて、心が軽やかになります。

さらに、高次元カタカムナ文字を見ると、元のカタカムナ文字を90度ずつ4回転させたものだということがわかります。たとえば、ク、シ、ソ、フ、ミ、ヨ、イ、ヲなどを見ると明らかです。一方、ウ、オ、ケ、コなどのように、よく見ないと元のカタカムナ文字を90度ずつ4回転させたと気づきにくい文字もあります。

高次元カタカムナ文字の48音図は、まるでさまざまな形をした風車が風に吹かれて回っているようです。そのためか、高次元カタカムナ文字の48音図をコピーして部屋に飾っておくと、空気が澄んだ感じがして、息がしやすくなるという人も多いようです。

資料 4-1 高次元カタカムナ48音一覧

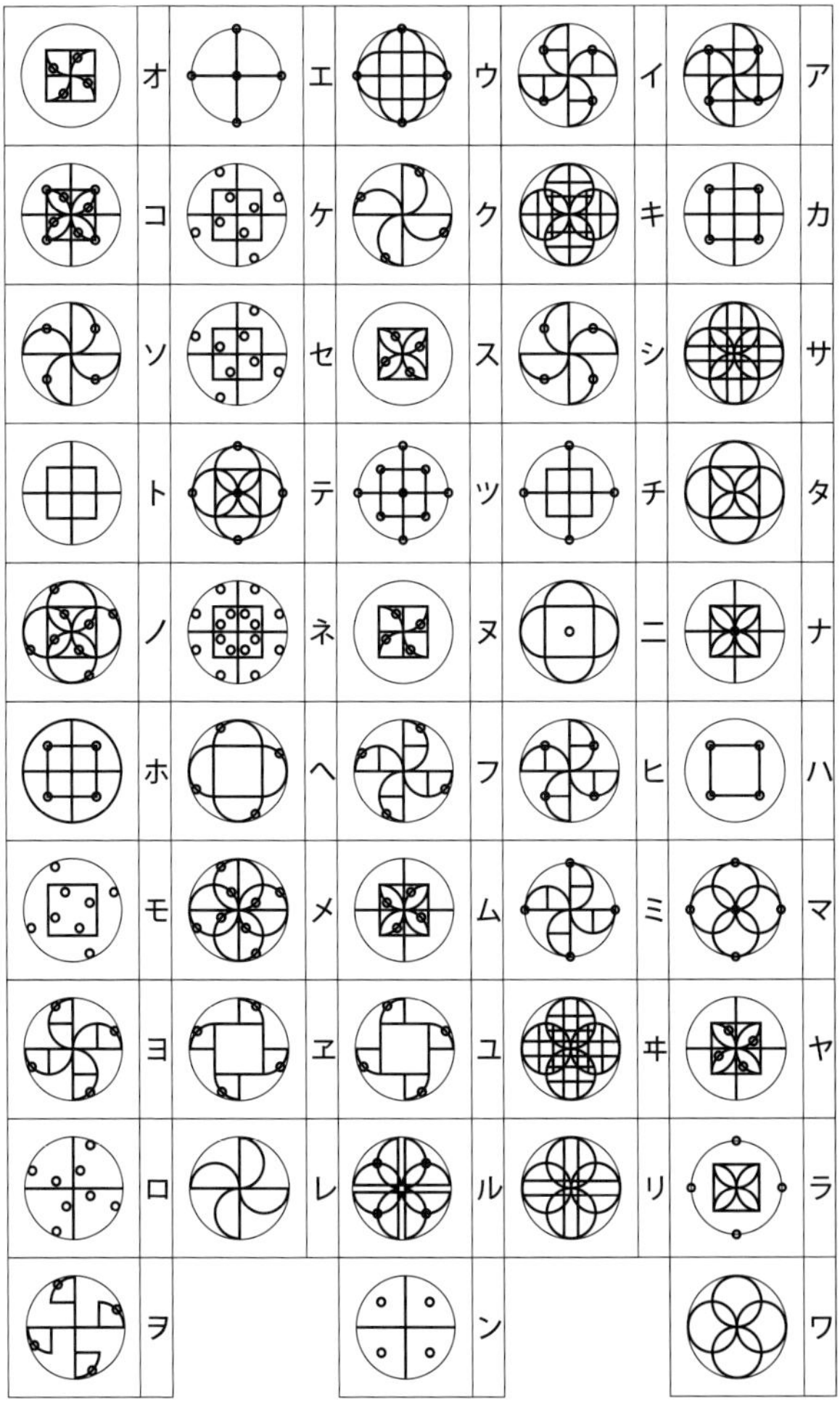

高次元カタカムナ文字の誕生

カタカムナ文字やウタヒは、1万年以上も前から今日にいたるまで、カタカムナ神社の御神体としてひそかに祀《まつ》られてきたものです。一説には、これを見た者は目がつぶれるといい伝えられ、この文字には神聖な力が宿っているといわれています。そのようなわけで、私も神聖な文字に手を加えて、さらにパワーのある文字を創ろうなどとはこれっぽっちも思いませんでした。ところが、カタカムナ文字やウタヒを研究しているうちに、どうしてもクスリの効果に匹敵するような、より効果的なカタカムナ文字を作りたくなりました。研究していくと、カタカムナ文字は文字というより記号に近く、本来立体であったものを平面に書き写したものであることがわかってきたのです。しかも、ただの立体的な文字というだけでなく、電子の運行や電子の自転を表した文字ではないかと気づきました。48音のカタカムナ文字には、まったく同じ形のカタカムナ文字が90度回転、180度回転し、向きだけがちがうものがあるからです。

立体であり自転しているカタカムナ文字の姿が本来のカタカムナ文字の姿であるな

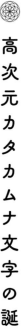

らば、オリジナルのカタカムナ文字に立体と回転の要素を加味したほうが、よりカタカムナ文字の力を強力にすることができるのではないかと考えました。

そして試行錯誤しながら、カタカムナ文字の基本は崩さずに、発展させた新しい文字を創りました。それが今回ご紹介する高次元カタカムナ文字です。

ただ、この新たに考案した高次元カタカムナ文字が本当に正しいのかどうか、はじめは確信を持てませんでした。ところが世界の記号やシンボルを調べていくうちに、高次元カタカムナ文字の最後の文字であるンの形が、世界の終末を予言したホピ族（アメリカンネイティブの一つ）の紋章と同じだとわかりました。

資料 4-2 高次元カタカムナ「ン」とホピ族紋章の類似

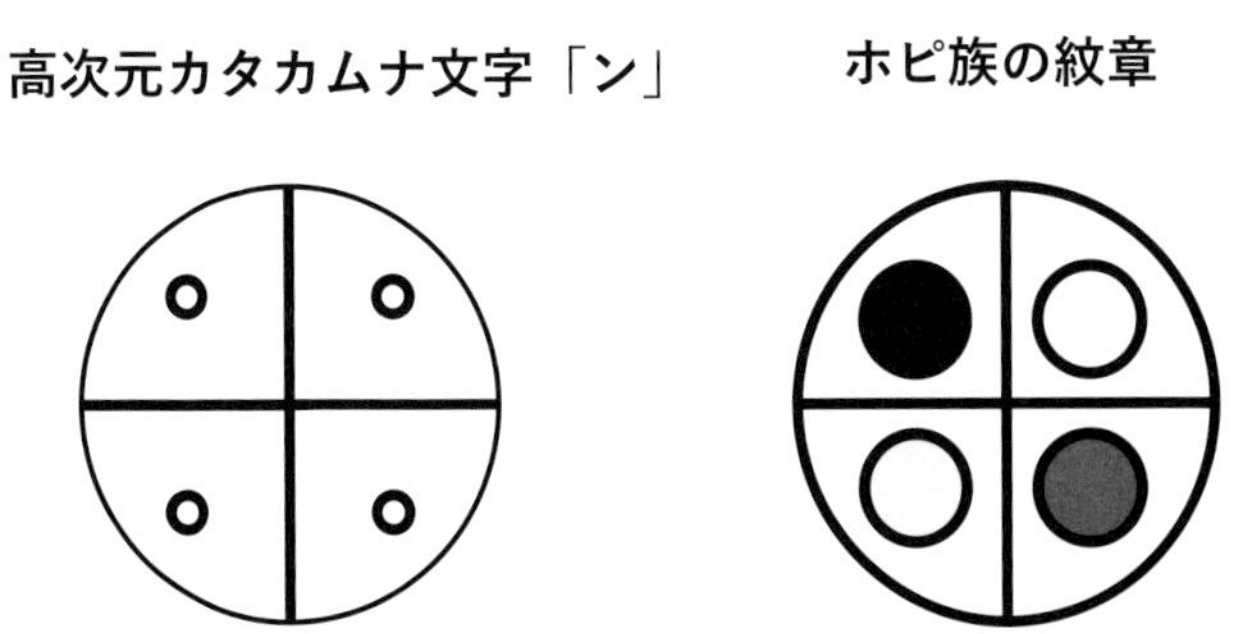

ホピ族の紋章（右）とは、アメリカンネイティブ、ホピ族のシールドシンボル。四つの方角とともに四つの肌の色を表し、「それぞれの人々が役割を果たすことによって、地球の調和を保つ」という意味があるといわれている。高次元カタカムナ「ン」（左）と似ている

これは、「高次元カタカムナ文字はこれでいいのだ」というサインなのかもしれないと思いました。しかしこの「ン」だけでは、高次元カタカムナがより確実な治療効果を示す文字であるかどうかはわかりません。そこで、ウタヒを、高次元カタカムナ文字で置き換えてみることにしました。そして、もともとのウタヒと区別するために高次元ウタヒと名付けました。

それから新たに生まれた高次元ウタヒを、実際の治療に使ってみました。何らかの症状がある患者さんの身体に貼ると、もとのウタヒより数倍強い効果を示したのです。頭痛、めまい、腰痛、不安、うつ的な気分、関節の痛み、呼吸困難などあらゆる症状が瞬時に癒されることさえありました。それで、高次元カタカムナ文字や高次元ウタヒはこれでいいと、一旦判断することにしたのです。

高次元カタカムナの中心図形

高次元ウタヒにも、中心図形があります。高次元ウタヒの中心図形も3種類あり、高次元ヤタノカカミ、高次元フトマニ、高次元ミクマリと名付けました。これらは従来のカタカムナウタヒの中心図形に、球や立体の要素を加味し、二次平面にしたものです。

従来のカタカムナの中心図形が線としてあらわされている部分が、高次元カタカムナでは曲線になっています。このようにしたのはカタカムナ人が360度見渡す球の意識を持っていたことを踏まえたからです。

高次元ウタヒの中心図形は、他の高次元カタカムナ文字と異なり、上下左右対称のシンメトリックです。磁石のN極やS極のような極性がなく、偏りがありません。極性のないものはラセンや渦が起こりにくいので、それ自体は見かけ上、エネルギーがゼロの状態です。

ところが、これら高次元カタカムナの中心図形の周りに、さまざまな種類の高次元カタカムナ文字がラセン状に配置されるやいなや極性が生まれ、ラセンや渦、エネルギーが生まれます。高次元カタカムナの中心図形は、言うなれば般若心経でいう空《くう》のようなもので、あらゆる形あるもの、そして形のないエネルギーや情報を生み出すもとになるゼロポイントフィールドをその場に創造する図形です。

高次元ウタヒをなぞるときは、まず、中心図形に数分間程度意識を集中して、自分の意識を空の状態、ゼロの状態にすると、より効果的です。具体的には、自分が中心図形になりきってしまうとよいようです。

ウタヒを介して高次元空間は誘導される

私がカタカムナ医学を使って患者さんを治療していると、患者さんの頭上に大きな立体の幾何学が現れるように視えることがあります。そして、時にはそれが患者さんの身体全体を包み込むように視えることもあります。

そこで私は、カタカムナ文字は立体の幾何学図形に変換され、図形を基に新たな次元が姿を現すのではないかと考えました。カタカムナ文字を発声するたびに、目に見えない立体がその場に現れるからです。そしてこの三次元空間に、その立体を介して、高次元空間がその存在をあらわにするのではないかという仮説を立てました。この仮説が正しいかどうか、詠ったときに現われる立体と同じ形のものを人の身体にあててみました。すると、ウタヒを詠ったときと同じような変化が起こったのです。

ウタヒを介して誘導されてくる高次元空間は、生体電気や生体磁気（生命エネルギー）と同じ電気や磁気を帯びています。それが電気仕掛けの人間に作用すると、その人のポテンシャルをあげ、人を元気にし、身体と心、意識の次元上昇を引き起こします。意識が高次元化すると、争いがなくなり、愛を与え合う美しく智慧に満ちた世界が創造されるかもしれません。そして、高次元カタカムナの使い方は、もともとのウタヒと同じです。なぞったり、色を塗ったり、切り貼りして、自分の家族の名前を作ったりします。特に高次元ウタヒは、誰でも簡単に三次元世界にいながら高次元空間と確実に同調することができる優れたウタヒです。

アレルギーがあって
さらに糖尿病で
インスリンを1日に
2回打っている犬さんに
高次元カタカムナウタヒを
使ってくれた人がいたよ
この犬さんは
カビや寄生虫が原因で
インスリンを打っても
血糖値が安定しなくて
高次元カタカムナ
ウタヒを使って
どうなったの？
それがさぁ
不安定だった
血糖値が安定して
アレルギーも
減ったんだって
それに
お腹をこわしても
血糖値が
悪くならなく
なったんだって
人の例は？
使うと心が
穏やかになって
幸福感を感じるって
人がいる
玄関に貼ったら
その場の氣がすごく
スッキリしたって
いう人もいる

高次元カタカムナクルクル

第 5 章

高次元ウタヒ

高次元カタカムナ文字で表す
ウタヒ全80首

高次元ウタヒの基本の触れ方

一つひとつの高次元カタカムナ文字も美しいのですが、ウタヒの文字を高次元カタカムナ文字に置き換えた高次元ウタヒも目を見張るほど美しく感じられます。子どもの頃に夏祭りに着ていった浴衣《ゆかた》の柄のようで、懐かしい感じがします。高次元ウタヒに触れると、手に細やかなバイブレーションが伝わってきます。背中に貼ると貼ったところから温かくなって、そのあとそれが全身に拡がっていきます。

それでは、高次元ウタヒのベーシックな使い方を説明します。

最初に、高次元ウタヒの中心図形に右手の人差し指を置きます。そのあと中心図形から見て12時の方向にある文字に触れます。その後、右回りに高次元カタカムナ文字の一つひとつに順序よく触れていきます。ウタヒを詠みながら文字に触れていくのがベストです。たとえば、高次元ウタヒ第2首を例にとると、「ヤタノカカミ　カタカムナ　カミ」と詠いながら一つひとつの文字に触れていきます。

また、元のウタヒが持っている内容の他に、高次元ウタヒが独自に持っているメッセージがあります。これはウタヒの内容の説明ではありませんが、この後80首の高次元ウタヒを紹介するにあたり、ウタヒの下に記載しました。このメッセージを心にとめながらウタヒを詠んでいくと、一層高次元空間ともつながりやすくなります。

パワースポットとして使う

高次元ウタヒの5首、6首、7首、8首を布に印刷してクリニックに飾っていたところ、それを見た多くの人が「ここから何か出ている、エネルギーが出ているのではないか」と言い始めました。これはそのとおりで、高次元ウタヒからは溢《あふ》れんばかりのエネルギーが出ています。

直接手で触れなくても高次元ウタヒの上に右の手のひらをかざすと、その心地よいエネルギーを感じるかもしれません。80首全部の高次元ウタヒに手をかざして、特にエネルギーを感じる高次元ウタヒがあれば、それは今のあなたにとって最も必要な高次元ウタヒかもしれません。同じものを9枚程コピーして布団の下に敷き詰めたり、自分がよくいる部屋のあちこちに飾ってもよいでしょう。そうすることで、そこがパワースポットになるので、そこにいるあなたは常にそのエネルギーをもらい、そのエネルギーによって守られます。

さらに面白い使い方として、吊るし飾りとして使う方法があります。

第5、6、7首の高次元ウタヒをコピーします。そしてそれぞれの高次元ウタヒをラセンに沿って切ります。次に中心図形に糸を通し、天井から吊るします。このようにすると高次元ウタヒが立体的になり、モビールのようにときどき動くことで、周りの空間によい影響を与えるようです。

資料 5-1 高次元ウタヒのラセンモビール

高次元ウタヒをコピーし、ラセンに切って、中心図形に糸を通して吊るす

高次元ウタヒ第1首

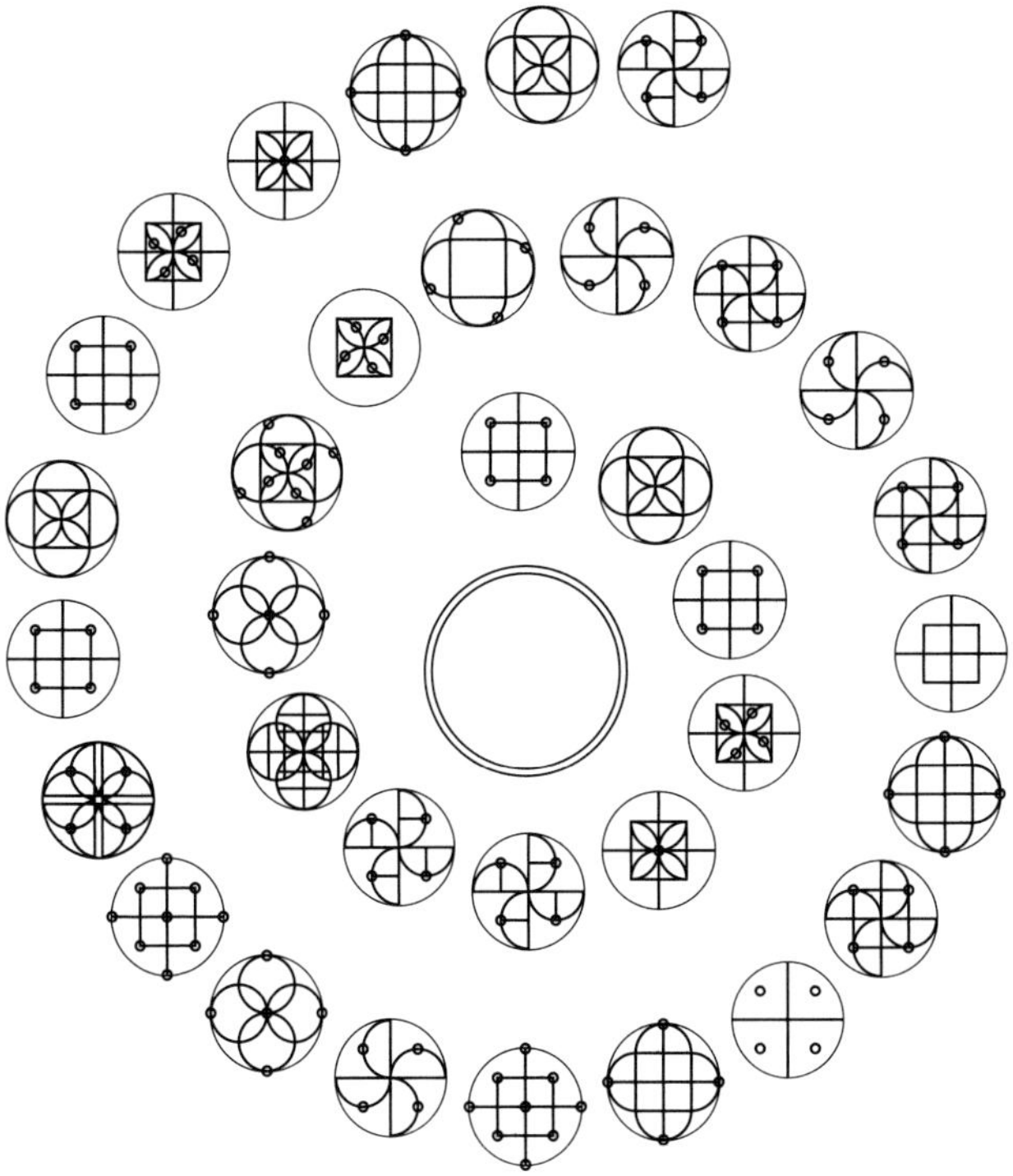

カタカムナ　ヒヒキ　マノスヘシ　アシアトウアン　ウツシマツル
カタカムナ　ウタヒ

ウタヒを詠うと 愛が溢れる

高次元ウタヒ第２首

ヤタノカカミ　カタカムナ　カミ

カタカムナからはじまる創造の世界

高次元ウタヒ第3首

フトタマノミ　ミコト　フトマニニ

男女、善悪、＋と－、N極とS極などの
二元性を超える

高次元ウタヒ第4首

イハトハニ　カミナリテ　カタカムナ　ヨソヤコト　ホクシウタ

神々の世界のことわり
それは愛、感謝、慈悲、許し、尊敬

高次元ウタヒ第５首

ヒフミヨイ　マワリテメクル　ムナヤコト　アウノスヘシレ　カタチサキ

愛は人間に備わった
一種の本能のようなものである

高次元ウタヒ第6首

ソラニモロケセ　ユヱヌオヲ　ハエツヰネホン　カタカムナ

愛でないものは永続しない

高次元ウタヒ第7首

マカタマノ　アマノミナカヌシ　タカミムスヒ　カムミムスヒ　ミスマルノタマ

愛は人と人の連鎖を拡げる力

高次元ウタヒ第８首

ウマシ　タカ　カム　アシカヒヒコ　トコロチマタノ　トキオカシ

感謝　ありがとうは高次元世界へのアクセスキー

高次元ウタヒ第９首

アメノトコタチ　クニトコタチ　アメ　クニカ　ソコ　ソキ　タチ
カタ　カムナ　マノ　トキ　トコロ　トコ　タチ

愛と調和からの創造に
失敗や過ちはない

高次元ウタヒ第10首

メクル　マノ　ミナカ　ヌシ　タカミ　ムスヒ　カムミ　ムスヒ
オノ　コロ　シマ　カムナ　ホク　アメ　ツチ　ネ　ハシ　マリ

全ての答えはすでに君の中にある

高次元ウタヒ第11首

イハ　フトヤ　ネ　イキ　ツチ　ノ　ワ　カタ　カムナ
アマ　ノ　ヒト　タマ　カミ　サキ　サトリ
ニナ　タマ　ノ　ワケ　ツミ　イキ　コト　マリ　ノ　ワケ　ヨミ

つらい人間関係こそが人を高める

高次元ウタヒ第12首

シヒ　ハタ　シヒ　フミ　カムミ　アキ　タマ　ト　アウ
カムミ　カタ　カムナ　ノ　ミソテ　ホト　アオ　ココロ
アカ　クスヘ　アカ　ミコト　ハナ　クスヘ
コト　ミチ　トヨ　クスヘ　ミチ　ウタ　シメシ

人の本質が光だと知ると
意識の次元は上昇する

高次元ウタヒ第13首

スヒ　チニ　ツヌ　クヒ　イモ　イク　クヒ
オホ　トノチ　イモ　オホトノヘ　オモ　タル　イモ
アヤ　カシ　コネ　イサ　ナミ　イサ　ナキ
トヨ　カフ　シヌ　ウキ　フヌ　マカ　ハコ　クニ

すべての出来事は 愛を学ぶために起きている

高次元ウタヒ第14首

オホ　コト　オシヲ　イハ　ツチ　ヒコ　イハス　ヒメ　オホ　トヒ　ワケ
アメノ　フキヲ　オホ　ヤ　ヒコ　カサ　ケツ　ワケノ　オシヲ
オホ　ワタ　ツミ　ハヤ　アキツ　ヒコ　イモ　ハヤ　アキツ　ヒメ

一日一生と思って生きる

高次元ウタヒ第15首

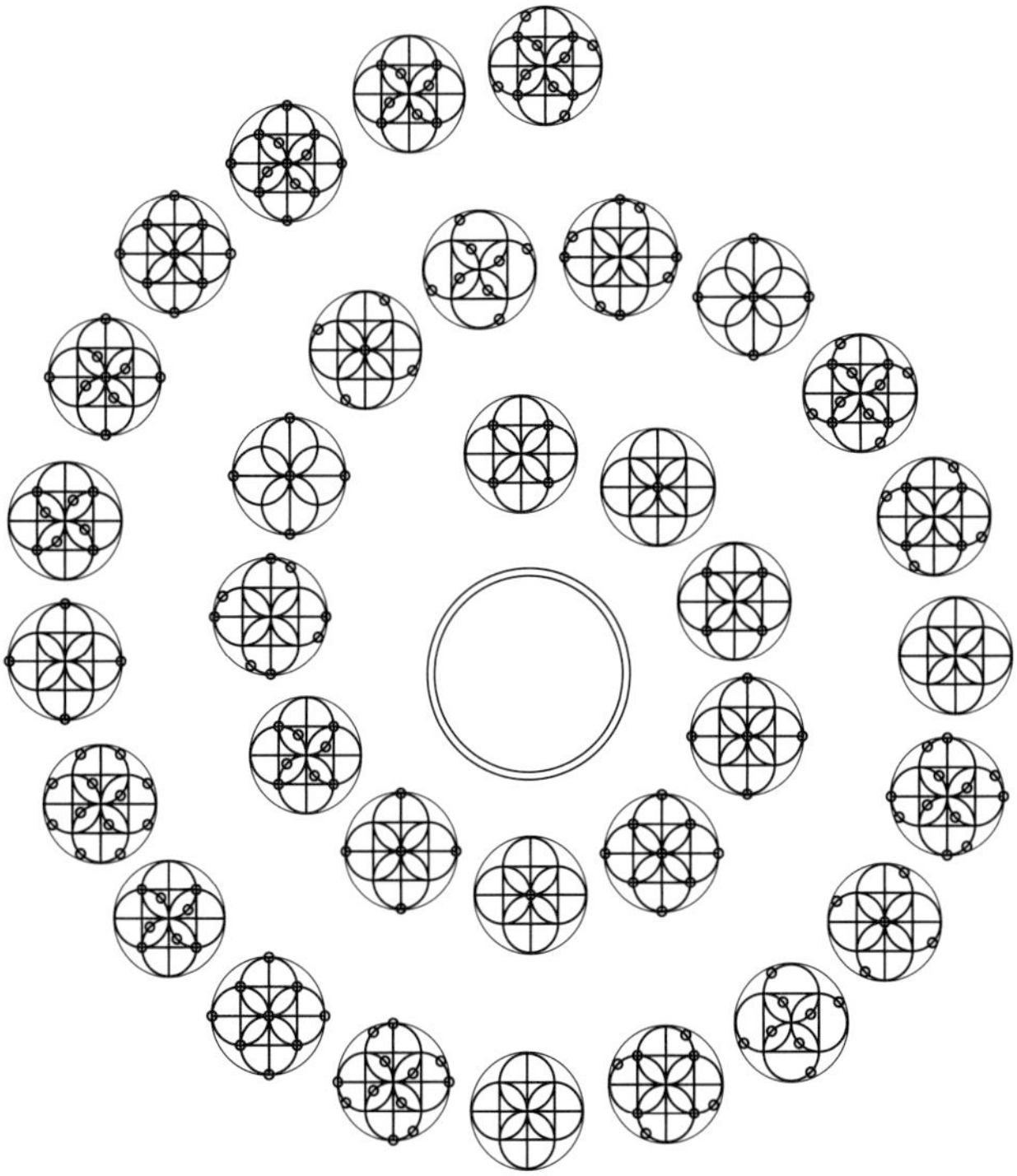

アワ　ナキ　アワ　ナミ　ツラ　ナキ　ナミ
アヤ　ミク　マリ　クニ　ノ　ミク　マリ
アメノ　クヒ　サ　モチ　クニ　ノ　クヒ　サ　モチ
シナツ　ヒコ　ククノ　チ　オホ　ヤマ　ツミ　ヌツチ　カヤヌ　ヒメ

正しい思いだけが叶う

高次元ウタヒ第16首

アメノ　サツチ　クニ　ノ　サツチ　アメノ　サキリ　クニ　ノ　サキリ
アメノ　クラト　クニ　ノ　クラト　オホト　マト　ヒコ
オホト　マト　ヒメ　トリノ　イハ　クス　フネ　オホケツヒメ

願望や思いが短期間で実現する力を付与する

高次元ウタヒ第17首

カム　ナカラ　トヨヒ　カミ　アマ　ウツシ
ヤホ　トヨノ　ユツ　イキ　フタ　ネ
フタ　ハシ　ウキフ　ツミ　タカ　マカ　カツ　ムスヒ　ヌシ　カタ　カムナ
マカ　ハコ　クニ　ノ　ヒトツ　カタ　ツミ

自分がもっている力の勢いが増す

高次元ウタヒ第18首

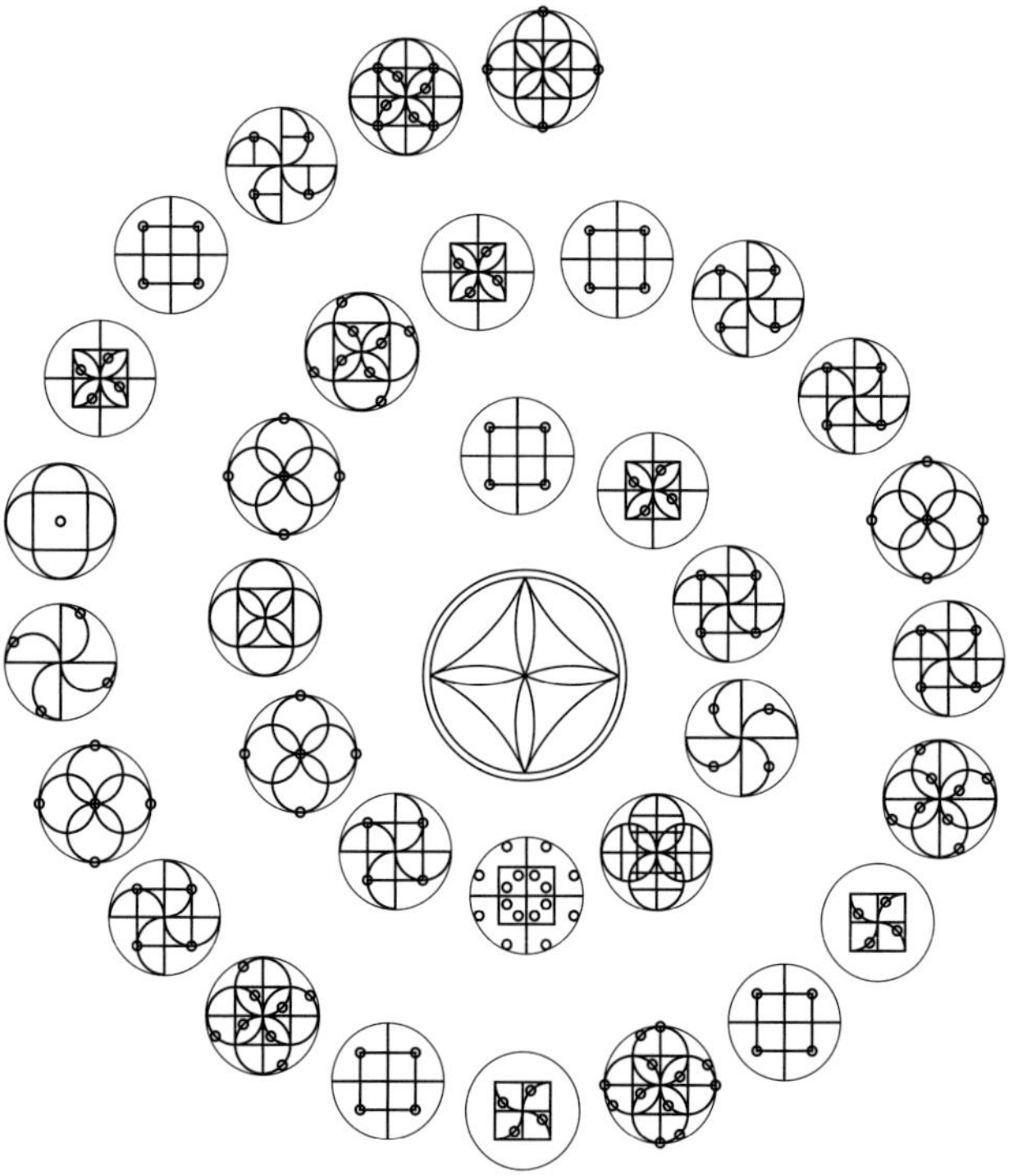

カムアシキネ　アマタマノムカヒ　アマアメ
オホ　トノチ　オホ　トノヘ　アマクニムカヒ　トコ　タチ

宇宙とつながる深い瞑想に入る神言
カタカムナ

高次元ウタヒ第19首

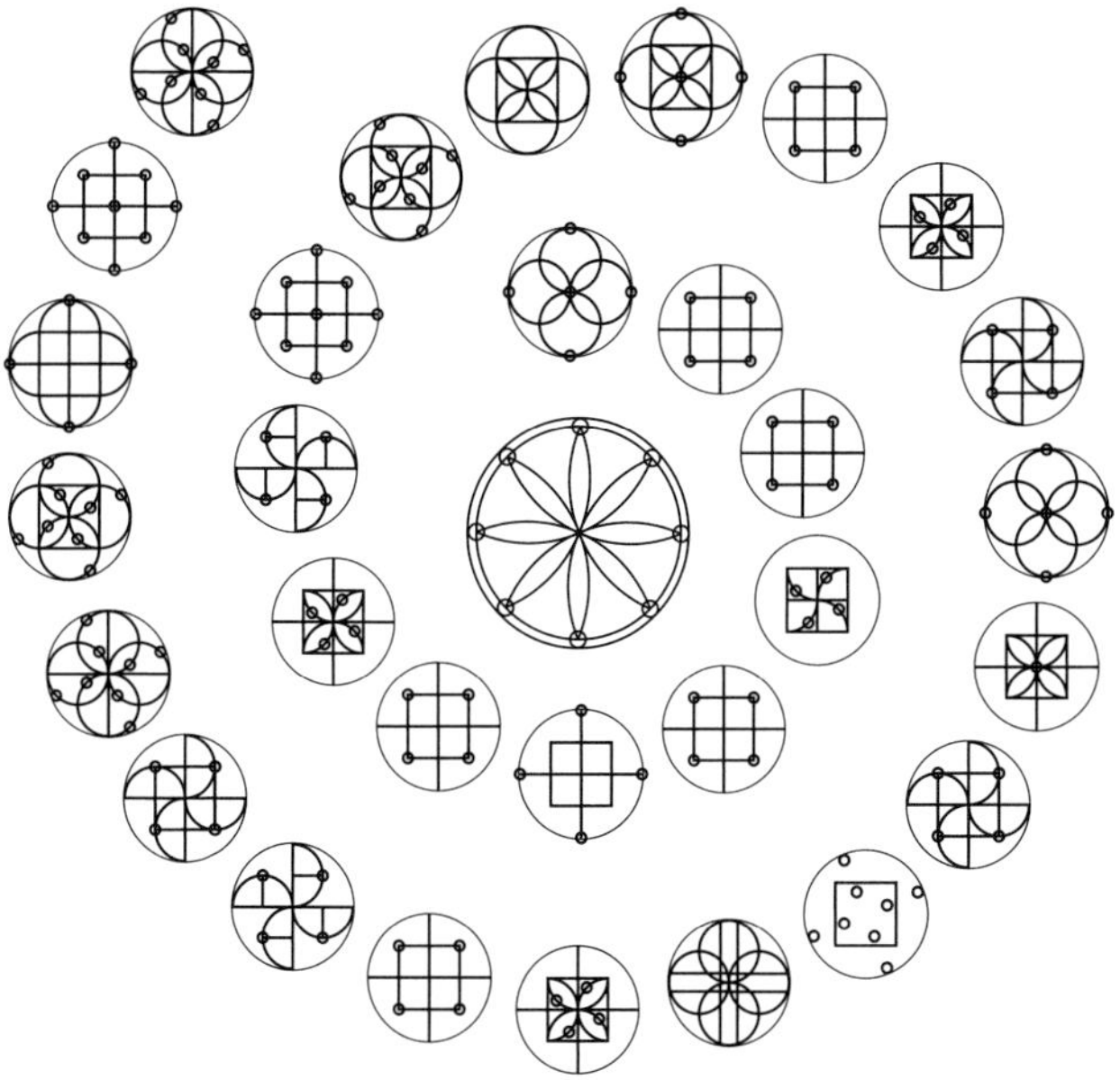

マカカ　オホチカム　イツノタテカム　アマナアモリ　ムカヒ　アメノウツメ

神の計画実行者として
神からのメッセージを受け取る

高次元ウタヒ第20首

アマノカカミ　アメノヨワロツ　トキ　トコロ　トコ　タチ
アメ　クニ　ノ　ヤホ　ソト　ナミ　カタ　カムナ
カタチ　サキ　アワセ　マク　ハヒ

周囲の協力を得て目的を達成する

高次元ウタヒ第21首

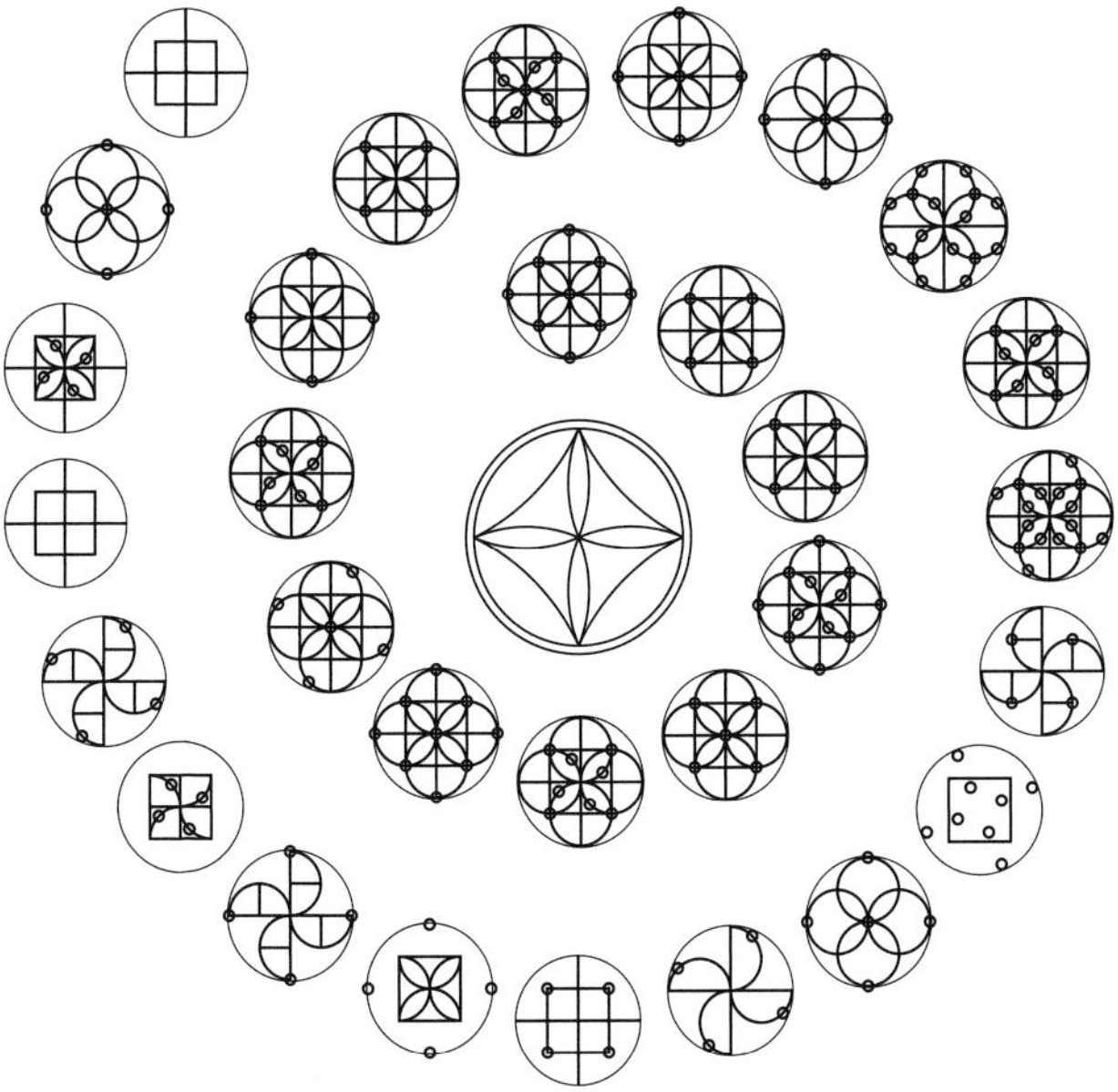

イマ　トハ　ヒトワ　ミコ　ニホ　ヤホ
アマツ　クニ　コト　ミチ　カタ　カムナ
ナミ　マリ　メクル　オホト　コロ　イモマクカラミ　ヌフトヤマト

神性や天使など見えない世界の存在から
力強いサポートを得る

高次元ウタヒ第22首

アメオキミツコ　モコロシマ　アマツアキツネ　ツクシシマ　オトヤシマ

宇宙の叡智を受け取る

高次元ウタヒ第23首

アマタカマカハラ　アワチホノサワケ　アメクニクラト　オキミツコシマ

カタカムナは内なる神とつながるための神言

高次元ウタヒ第24首

アメクニサキリ　モコロシマ　アメクニサツチ　ソコソキシマ　タケヒワケ

自分を愛することは　他を愛すること
あなたは私　私はあなた

高次元ウタヒ第25首

オホトマト　オホケツヒメ　イワクストリフネ　ミツコナミ　ヒノカカヒコ

願いや思いに意識を注ぎ続ける
それはやがて形となって現れる

高次元ウタヒ第26首

タクリカナヤマ　ウツメクソ　アメノハニヤス　ミツハノメ　オキツフト　マリ

神に守られて生きる喜び

高次元ウタヒ第27首

イハクスユマリ　アマナクニヌシ　ワレムスヒ　イホクニツ　マリ　ヤヘモコロ

静寂の中に本当の自分を見出だす

高次元ウタヒ第28首

イキノヒトツネ　イククヒノツチ　カクナツチ　イハ　サク　ネ　サク
イハツツヌヲ

許しは新たなステージへの第一歩

他人も自分も信じられない…
これから先の世の中を
考えると不安になる…

佐川奈津子氏

人間関係のねじれや怖れを取り除く見方のレッスン
～2019年最新版～(動画)

嫌われたくない、好かれたいと思っているのに、現実には逆のことが身の回りに起きている・・・
そんな人間関係の不思議について、怖れを取り除く見方のレッスンをお届けします。

村山友美氏

バイノーラル収録版
『何にでも効く万能ソルフェジオ音源』(WAV、MP3)

音には人生を変えるパワーが秘められています。今回、数あるヒーリング用音叉《おんさ》の中でも、あらゆるものに効くといわれている528Hzのソルフェジオ音叉の音源をプレゼント!
本音源は臨場感を高める特別なマイク、"バイノーラルマイク"で収録。
実際に村山先生があなたにセッションをしている感覚で聴くことができます。

渡邊愛子氏

はじめてのマントラ瞑想(動画)

瞑想には、ストレス軽減や集中力アップ、タイミングや人脈を引き寄せ、願望が実現していく、また思考と思考の"ギャップ"に入ることで、創造性の源である純粋意識にもアクセスできることをご存知ですか?
今回は色々とある瞑想方法のうち、今すぐできるマントラ瞑想をお伝えします!

高次元ウタヒ第29首

ミカヒシキシマ　ハヤヒタケフツ　カタカムナ　オホワクムスヒ　ヤタシマ

潜在意識がもっている記憶が再生されたものを
私たちは現実と思い込んでいる

高次元ウタヒ第30首

トヨ　クモヌ　フツ　サカル　ツミ　フトナ　シメシ　ウタ　マリ　タハネ
カフシ　ウキ　フヌ　メクル　マリ　ウヒ　チニ　ホロシ　カタ　カムナ
タカ　マカ　ムスヒ　ヌシ　イモ　イク　クヒ　カミ　ワク　サトリ

自然界の優しさと穏やかさに共鳴する

高次元ウタヒ第31首

カタ　カムナ　オホ　トノチ　カムミ　ムスヒ　イモ　オホ　トノヘ
マクミ　ワク　タマ　イモ
カラミ　マクミ　トノヘシ　カタ　カムナ　サカキ　メクリ　ノ
カム　ヤタ　マリ　オモ　タル　ヌシ　シツ　マリヌ　クニ　ヌシ

今こそあなたの夢や思いが叶うとき
進め！　ひたすら進め！

高次元ウタヒ第32首

アマノ　カミ　アメノ　ヨロツ　クナキ　ノ　タマ　ワケ　アヤ　クメ　シコネ
カム　ツミ　シツ　マリヌ　イツノ　タテ　カム
アワ　ナキ　カサネ　アハ　チノ　ホノサ　ワケ　シマ　イヨノ　イヤ　シロ　チ

「トホカミエミタメ」と唱えると
あらゆる罪が消え去る

高次元ウタヒ第33首

カム　ナカラ　エヒメ　サヌキ　チ　アワ　トサ　チ
アメノ　オシ　コロ　オキ　ミツコ
ツ　クシ　トヨ　ワケ　ヒノ　クニ　クマソ
イヤ　シロ　チハ　イキツ　サキ　ヨリ　イヤ　シロ　コト　サトリ

アカシックレコードと繋がる力

高次元ウタヒ第34首

アマツ　ミソラ　ノ　アメ　ヒトツ　ハシラ　サト　オホ　ヤマト　イヤ　シロチ
タニ　キヒコ　アキツ　ノ　イヤ　シロ　スヘ　シマ　カサネ　オホ　タマル　ワケ
オホ　コト　オシヲ　トワ　チカ　フタヤ　ヒメ

今あなたがもつ全ての力が花開く時。
自信をもって突き進め

高次元ウタヒ第35首

カム　ナカラ　オホト　ヒワケ　ノ　カタ　カムナ
イハ　ツチ　ヒコ　イハス　ヒメ　ツミ
アメノ　フキヲ　ノ　オホヤ　ヒコ　オシヲ　オホ　トチ　カサネ　ワタ　ヒメ
ハヤ　アキツ　マ　ノ　ヒコ　ヒメ

自律神経を調節する

高次元ウタヒ第36首

カム　ナカラ　オホ　ワタ　ツミ　カハ　ウミ　ワケ　イカツ　アワ　ナキ
アワ　ナミ　カタ　フト　ムスヒ　オホ　トノチ
アメノ　ミク　マリ　クニノ　ミク　マリ
ツラ　ナキ　メクル　トヨ　ツラ　ナミ

永遠に愛ある存在として生きる

高次元ウタヒ第37首

カム　ナカラ　アメ　ノクヒサ　モチ　カタ　カムナ　クニノ　クヒサ　モチ
オキ　ミツコ　サキ　カセ　シナツ　ヒコ　キノ　クク　ノチ
イヤ　ミソキ　ミチ　オホ　ヤマ　ツミ　カヤヌ　ヒメ　ツチ　イヤ　ミソキ

氣を整える意志を強くする

高次元ウタヒ第38首

カム　ナカラ　アメ　クニ　サツチ　アメ　クニ　サキリ　イヤ　ミソキ　サネ
アメ　クニ　クラト　オホマ　ヒコ　ヒメ　イヤ　ミソキ　マリ
オホ　ケツ　ヒメ　ヒノ　ヤキ　ハヤヲ　ヒメ　イヤ　ミソキ　ワク

神聖なる場所へと戻る
その場をパワースポットにする

高次元ウタヒ第39首

カム　ナカラ　ヒノ　カカ　ヒコ　ヒノ　カク　ツチ
イヤ　ミソキ　ムス　カタ　カムナ　カナ　ヤマ　ヒコ　カナ　ヤマ　ヒメ
イヤ　ミソキ　ハニ　ヤス　ヒコ　ヒメ　ミツハ　ワク　ムス　イヤ　ミソキ

場のけがれを祓う

高次元ウタヒ第40首

カム　ナカラ　トヨ　ウケ　ヒメヌ　イカ　ツチ　ヒヒキ　マノ　ネ　カタ　カムナ
イハ　サク　ネサク　イハ　ツツヲ　マリ　ツラ　ネ
ミカヒ　ハヤ　ヒヌ　タケ　イカ　ツチ　タケ　フツ　ノ　ムスヒ

パートナーやソウルメイトと強い絆を結ぶ

高次元ウタヒ第41首

カム　ナカラ　トヨ　クラ　オカミ　クラ　ミツハ
アマ　タマ　マト　マリ　カタ　カムナ
マサカ　ヤマ　ツミ　ムカヒ　マリ　オト　ヤマ　ツミヲ
メクル　マリ　ワク　ミハラ　ナル　マ　カヒ　クシ　サリ

宇宙の無限の力が凝集して世界が創られた。
その力を自分のものにする

高次元ウタヒ第42首

カム　ナカラ　クラ　ヤマ　ツミヌ　ミホト　ヨニ
オク　ヤマ　ツミ　カタ　カムナ
ココロ　ツラ　ナキ　ハヤマ　ツミ　タカ　マカ　ハラ　カタ　カム　フト　マニ
アメノ　ヲハ　ハリ　イツノ　ヲハ　ハリ

神の願いを人が叶える

高次元ウタヒ第43首

カム　ナカラ　ミハカ　シナ　カタ　カケ　メクル　オホ　カム　ツミ
ヨモツ　チシキ　ノ　イフヤ　サカ　カム　マト　マリノ　ツキ　タテ　フナト
ミチ　ナカ　チハ　タケ　ナミハメ　ソラ　ワケ　イフヤ　サカ

潜在意識の力を高める

高次元ウタヒ第44首

カム　ナカラ　マノ　ハス　トチノ　トキ　オカシ
ワツ　ラヒノ　ウシ　カサネ　ツミ
メクル　マノ　チマタ　ムスヒ　ヌヒ　カタ　カムナ　アキ　クヒノ　ウシ
ムカヒ　マリ　タマ　オキ　サカル　オキ　ナキサ　ヒコ

毎月1日と15日は
神へ感謝と尊敬の祈りを捧げる日

高次元ウタヒ第45首

カム　ナカラ　オキツ　カヒ　ヘラ　ヘサ　カル　ミチ　タマ　フト　マニノ
ヘツ　ナキサ　ヒコ　カタ　カムナ　トヨ　ウケミ　カタ　ヘツ　カヒ　ヘラ
アワノ　マカ　ヤソ　マカ　ツヒ　オホ　マカ　ツヒ

心と身体をリラックスさせると
天からの愛のエネルギーを受け取りやすくなる

高次元ウタヒ第46首

カム　ナカラ　クニ　カツキ　フト　マニノ
アヤ　カム　ナホヒ　オホ　カム　ナホヒ
イツノ　メニ　オホ　トチ　ムスヒ　イツノ　メノ　ソコツ　ワタ　ツミ
ソコ　ツツヲ　イシ　マト　マリ　メクル　ナカ　ツツヲ

全ての出来事は目に見えない世界で創造された後
見える世界に形となって現れる

高次元ウタヒ第47首

カム　ナカラ　ウハツ　ワタ　ツミ　ムラチ　イツク　ウハ　ツツヲ　アマ　テラス
ウツ　シキ　カナ　サク　タケ　ハヤス　サノヲ　ツキ　ヨミマ　ミクラ　タナ
タ　キリ　ヒメ　イチキ　シマ　サヨリ　ヒメ

「アジマリカム」という神言を唱えると
奇跡が起こる

高次元ウタヒ第48首

アマツカミ　カムナマニマニ　ウタサトシ　ヤクサスヘヒト　ココロワク　ミト

小さな愛には小さなエネルギーが集まり
大きな愛には大きなエネルギーが集まる

高次元ウタヒ第49首

マカウミコ　メクルモコロ　オキミツコ　ヨモツチカヘシ　カムツミコココロ

思いを行動に移すことによって
現実はつくられる

高次元ウタヒ第50首

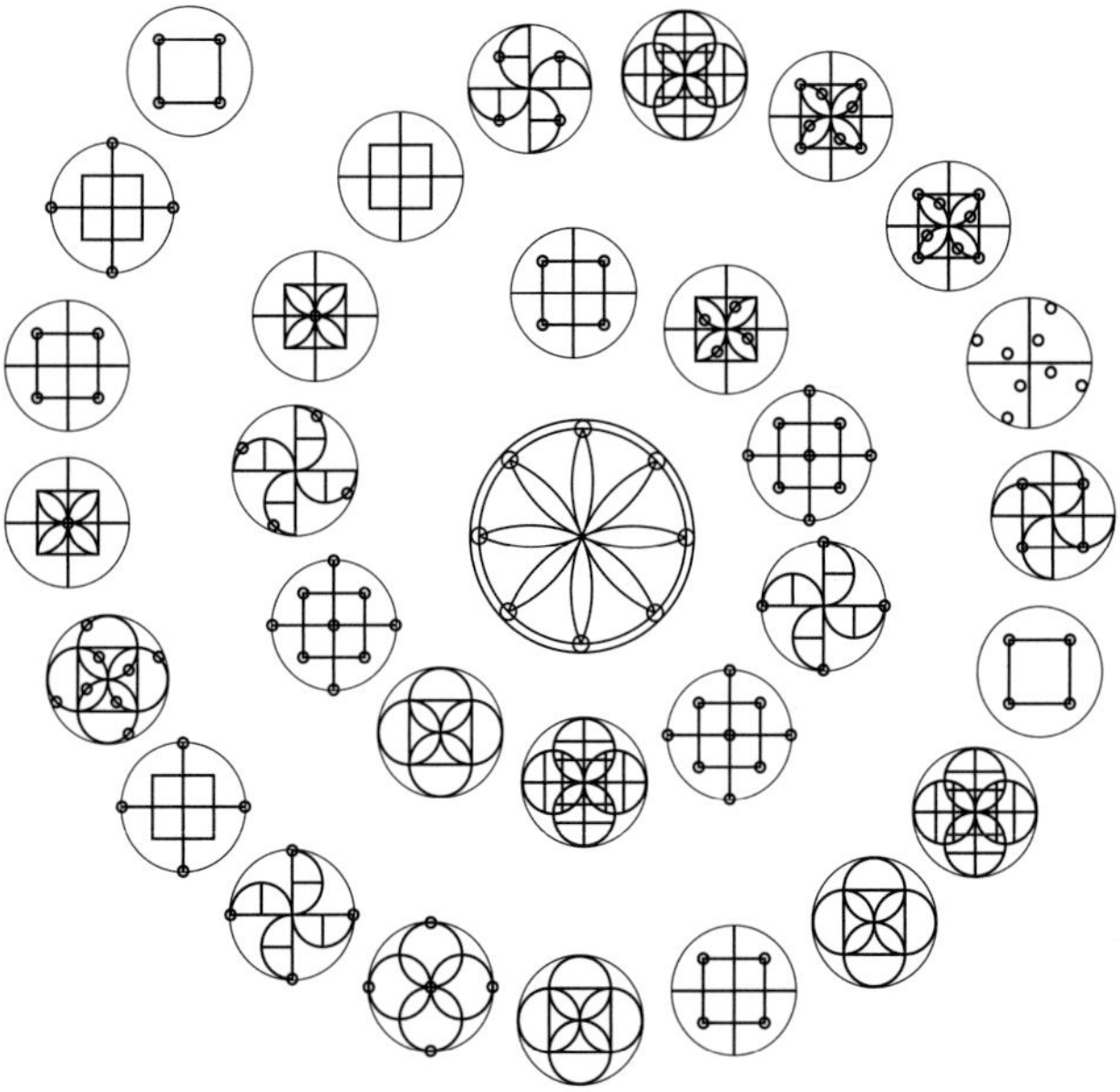

カムツミ　ツキタツフナト　イキココロ　アハキタカタマ　ミチノナカチハ

生き方、考え方をシンプルにしてみる

高次元ウタヒ第51首

イキココロ　アハキマハラ　トキオカシ　トコロチマタシ　ワツラヒノウシ

カタカムナの真理は神の真理

高次元ウタヒ第52首

タマキソラ　アキクヒノウシ　オキサカル　ナキサヒコ　オキツカヒヘラ　ナミ

80首のウタヒを詠うと
時空間が重なり合ってより大きな力となる

高次元ウタヒ第53首

イキココロ　アマナヘサカル　モモヒクニ　ヘツナキサヒコ　ヘツカヒヘラ

ウタヒを詠いなぞることは幸せへの早道

高次元ウタヒ第54首

タマルツチ　イカツツラナキ　セカツキ　ハクミアシハラ　ヤクサアヲヒト

怒り、イライラ、不安を消す

高次元ウタヒ第55首

イキココロ　ナカツミシロ　イツヲノメ　シキケカクツチ　イヤシロノツチ

不純物の除去、マイナスエネルギーの浄化

高次元ウタヒ第56首

オホナホヒメ　イキココロ　カムミイヤマヒ　カムミソキ　ウルハシココロ

心の中のエゴ的な思いを小さくする

高次元ウタヒ第57首

アカキウツシネ　カムミカラヤマ　ムナシキ　ケヒココロ　ケシキウツシネ

悲しみ苦しみを越える力を与える

高次元ウタヒ第58首

カムナマニマニ　カミワケノウタ　オホトタマ　タマルアハチ　ホノサワケ

呼吸に意識を向けると不安 恐れが消える

高次元ウタヒ第59首

オホコトオシヲ　イヨフタナ　イキツヒメシマ　オホトヒワケ　ハツチヒコ

自然の恵みに感謝することで得られる力
食べたものが血や肉になる

高次元ウタヒ第60首

カムナマニマニ　トヨウケヒメ　ワクムスヒ　カミワケノミチ　アメヨロツ

共に学び、良きを伝え、守り抜く力

高次元ウタヒ第61首

アマアワナキ　ハヤアキツ　ヨモツチカヘシ　ヤホウツシツミ　カシラハラ

負のエネルギーを中和する中庸の心を養う

高次元ウタヒ第62首

ヤクサイカツチ　ウツシツミ　ヒタリミキリノ　タナカヒノマ　アキツヒメ

聞く側が何を知りたいかによって教えは変わる
知りたいことを明確にする

高次元ウタヒ第63首

ヘサカルカムミ　ウツシツミ　ムネニ　タナマタオクソキ　タナコココロノセ

めぐりめぐる時の流れの中で形は変わるが
形の向こう側にある本質は永遠に変わらない

高次元ウタヒ第64首

ヤハ　マカシ　ソレ　ツミ　アメノ　セヲ　キネ　アキ　タマ　コメ
カム　ナカラ　ワク　ツミ　ヒトヨ　ヤシ　アナミ　ワク　アナミ　コロ
アメノ　トヨセ　ツミ　アメノ　ヨロ　ツ　ミナカ　ノ　オホ　カミ

「生かしていただいてありがとうございます」
と思うことは大切

高次元ウタヒ第65首

カム　ナカラ　アマ　ネキ　アメノ　ワク　トメ　ミチ　トヨ　カム　ツミ
アワ　タマ　ヒメ　ヤス　マ　ワ　ケ　ツミ　ワク　ハヤ　タニ　サキ
イカ　ツチ　ヒヒキ　アマ　タマ　ノ　ネ

夢は見えない世界からのメッセージ

高次元ウタヒ第66首

カム　ナカラ　ミツハ　ワク　ムス　マカ　タマ　ノ　アキ　カタ　フマリ
ツ　ツ　ウミ　ノ　アナ　トヨ　フツ　フミ　ハマリ　カム　ナカラ
ミツハ　ワク　ムス　ミソテ　マク　カラミ　ミカ　ハヤヒ

自分が神になったつもりで生きる

高次元ウタヒ第67首

カセ　ミツ　トロ　ヤマ　ツツミ　クミト　ヤマ　ツツミ　カム　ナカラ
イワト　ヌマ　ツツミ　オトワ　ヤマ　ツツミ　トロ　カエシ　アオ　アマ
イワト　ヤマ　ツミ　ハラ　ヤマ　ツミ　アメノ　ヨハ　イホ　ツワケ

愛はどこまでも深く高くそして永遠なり
自らがその愛そのものであると気づく

高次元ウタヒ第68首

トヨホ　イホ　カム　ナカラ　オホ　カム　カエシ　ワケ　カエシ
イキ　トキ　オホ　ワ　カエシ　スヘ　ソラ
カム　ナカラ　オキ　ハヒ　オキ　ナキ
サキ　アヤ　オキ　ツ　アカ　ユラ　ハユ　タヘ

ホルモンバランスを整える

高次元ウタヒ第69首

カム　ナカラ　カエシ　ナキ　トキ　トコロ　タカ　ユラ
イヤ　アマ　ウツシ　オホ　アマ　ウツシ　カム　ナカラ　カム　ナホヒ
イキ　アマツ　トメ　ハヤ　ウツシ　ワタ　ツミ　ハヤ　ヨミツ　カム　アマ

見える世界と見えない世界の循環をスムーズにする

高次元ウタヒ第70首

アナ　ウツシ　ワタ　ツミ　アナ　ユツ　チハ　ウツシ　ワタ　ツミ　チハ　ヨミツ
カム　アマ　ミチ　ハヒ　ウツシ　ワタ　カエシ　ミチ　チハ　ハマ
トヨ　チハ　ウツシ　カエシ　カム　ナカラ　チハ　ヨミツ

人との出逢いは自分との出会い

高次元ウタヒ第71首

ウチムシ　イキ　カエシ　ワク　ウツシ　ホキ　アナ　フト　アマ　ヤマト
カム　ナカラ　ウツシ　ヨミ　ワケ　ヤホ　ヤタ　トメ　フミ　ナキ　ワタ
サキ　アメ　カム　アマ　オキ　ツ　サキ　シマ　ウシ

ヤタノカカミは陽、フトマニは陰
二つが一つになって創造がはじまる

高次元ウタヒ第72首

ソレ　マ　アマ　ウツシ　アウ　ホコ　アメ　オホ
カム　ナカラ　アメノ　ハシ　マリ
ココロ　ワク　ヤマ　コフ　ワケ　ヒトミ　トリ　ムスヒメ　ヒネ
カム　ナカラ　ウツシ　タマ　イキ　コト　サキ　ワレメ

因果応報（恩）　理の中に
我々の世界は存在している

高次元ウタヒ第７３首

アメノ　ヒトネ　フト　タマ　アメノ　カミ　カム　アマ　アメノ　ウケ　ハシ
ナキ　ウツシ　ミチ　ナミ　ウツシ　ヤシマ　イヤミチ　オキ　イキ
カム　アマ　ヒメチ　ナミ　アメノ　ナホヒ　チハ　ヒメ　フカヒ　ウツシ

生まれ変わりの中　神の道へと進む強い決意

高次元ウタヒ第74首

スヘ　カエシ　ヤタ　ナホヒ　カム　ナカラ　アメノ　ウツシ　ヨミ　タネ　ウム
ヤホマリ　フナミ　ヤホマリ　フナミ　ウミ　フトヨ　ヤト　カム　アマ　イキ
フナ　イサキ　クニ　ヒト　アメノ　ハム　フナ　イヤ　ハム

人間の道徳ではなく神の道徳を学べ

高次元ウタヒ第75首

ナキ　ウム　カム　ナカラ　イホ　ハラ　ハメ
ヤホ　ウツシ　クマリ　ワク　ムスヒ
トヨ　ウケ　ヒ　メ　カム　ナカラ　オキ　ホト　ムツ　ナキ
サキ　トコ　カムミ　マリ　アメノ　ヤタカミ　アメノ　ソマ

光と闇の対立は終わる

高次元ウタヒ第76首

カム　ナカラ　アマ　ワレマ　アメノ　クソムス　オキ　ヤホマ　カム　ウツシ
スヘ　カエシ　フナ　コロシ　カム　ナカラ　ア　ナ　アマ　ハユ
ユツ　コナ　カムミ　マリ　アメノ　コト　ミチ　ヨミ　カム　アマ

光への道を求める者は　必ず光へと導かれる
求めよ、さらば与えられん

高次元ウタヒ第77首

ヒネ　シマ　ヒメ　ヨミ　オキ　ヤマツミ
ムツノ　ウツシ　カエシ　フナ　カエシ　ハネ
カム　ナカラ　オホ　トケ　ハシリ　アマ　トヨ　コトミチ　ナミ　ウロ　ハユ
アメ　ウツシ　アヤ　カム　ナカラ　アメノ　フトマリ

言葉や形　音には生命《いのち》が宿っている

高次元ウタヒ第78首

ヤマト　ヒネ　フトヤ　フミトメ　トロミ　ハユ　フナトメ　フナミ　カエシ　コト
カム　ナカラ　アメノ　フナ　フミ　オホ　ナミ　ヒメ　アメノ　ウツメ　ヒメ
ハニ　ヤキ　ウツメ　カム　ナカラ
オキツ　フトマ　ハシ　フトヤ　ユマリ　ネキ

生命《いのち》をかけてこの世に生んでくれた
母の愛への感謝

高次元ウタヒ第79首

オホ　ワタ　マリ　イムナ　カム　ナカラ　カム　アマ　ヒト　タマ
カム　マリ　ハヒ　タマ　ハヒ　オキナ　サキ　ミチ　カム　ミチ
カム　ナカラ　マノ　スヘ　オキ　アマツ　イマ　ウミ　ヒト　ウツシ

命の営みに感謝　全てが神の化身

高次元ウタヒ第80首

ヒト　アメノ　ウツシ　ネ　カム　ナカラ　ウミ　イマ　サキ
イヤミヨ　ヤホ　ウミ　アマ　マカ　ウミ
ウツシ　ソレ　ヤス　カム　ナカラ　ミトロ　カヘシ
アキ　ウツシ　スヘ　ワリ　アマ　タマ　ミトロ　カヘシ

アイウエオの母音によって「愛《あい》上《うえ》を《お》」となる

第 6 章

高次元ウタヒの使い方

治癒のスイッチがオンになるウタヒ習慣

ウタヒの本当の実力

2022年4月になって、私はやっと、ウタヒがどれほどすごいのかがわかってきました。ウタヒの内容を吟味することも大切なのですが、治療に関していうなら、見たりなぞったり詠うことのほうが圧倒的にすごいのです。

カタカムナの学校を開いておられるカタカムナ研究の第一人者の先生から聞いたお話です。あるとき生徒さんの一人がガンになられたそうです。そこで、ほかの生徒さんと一緒に、ガンになった生徒さんに向けて、ウタヒをみんなで詠んだところ、その生徒さんのガンが治ってしまったということでした。

私のクリニックでも、私と一緒にウタヒを何度も詠んだら、胃ガンの患者さんの腫瘍が消えたり、私の患者さんではありませんが子宮体ガンが治ったという報告をいただいています。

とはいえ、ガンは治すのがなかなか難しい病気です。ウタヒで治るという保証はできません。しかし、ウタヒを詠うと、ガンの人は元気になります。クスリを使わないで、ガンによる痛みや不安、だるさを完全にとることは現代医学ではなかなかできませんが、ウタヒを併用することでほとんどとれることがあります。ウタヒを詠うと、薬剤の副作用も少なくなります。さらにウタヒを詠うことは、延命や健康回復、そして癒しにつながります。しかも、ウタヒを詠むことは経済的負担がまったくありません。ガンの人の家族から、「本人がウタヒを詠えない場合はどうしたらいいですか」とよく質問をされます。そのような場合は、「ガンの人の目の前でウタヒを詠うといいでしょう。もし、ガンになられた方が遠方にいる場合は、ガンの人が目の前にいるとイメージして詠ってください」と、私は答えています。

私が知る限り、ウタヒにはあらゆる症状や病気を癒すことができる可能性があります。たとえば、難聴に関しては、これまでカタカムナ医学で二人の方を治しています。耳のすぐ傍《そば》で話さないと言葉が聞き取れないという難聴の人の場合でも、ウタヒを使い、ウタヒを印刷したものを身体に貼ると、5〜6分で普通に会話ができるようになることがあります。

カタカムナのエネルギーを感得する

ウタヒを詠みあげると、ぞくぞくするようなエネルギーやバイブレーションを肌や全身で感じます。これは神社の境内にいるときに感じる御神気と同じエネルギーです。ウタヒを詠むとまず、霧のような微細なエネルギーがベールのようにじわじわと手や身体に覆い被《かぶ》さってきて、それが身体の内側に浸透し始めます。しばらくすると、天から光がとてつもない速さで降りてきて、頭頂部の中心につながります。息がしやすくなり、身体が軽くなります。晴れ渡った青空の下にいるような気分になります。神様のような存在が傍にいて守られているような安心感を得られることもあります。

ウタヒの使い方は、詠む、なぞる、詠みながらなぞる、身体や服に貼る、スマホの待ち受け画面にする、壁に飾る、そして彩色するなどがあります。本章では、このうちの4つの使い方を中心に解説していきます。

著者略歴

神奈川県横浜市に生まれる。浪曲師・曲師。三波春夫先生と同じ七月一九日生まれ。一九九四年、日本浪曲協会主催の三味線教室に参加。一九九五年、二代目玉川福太郎に入門。三味線の修行をしていたが、師の勧めにより、二〇〇一年より浪曲師としても活動。二〇〇六年、芸名を美穂子から奈々福に改め名披露目。さまざまな浪曲イベントをプロデュースするほか、自作の新作浪曲や長編浪曲も手がけ、他ジャンルの芸能・音楽との交流も多岐にわたっておこなう。平成三〇年度文化庁文化交流使としてイタリアやポーランドなど七か国で公演。中国、韓国でも公演をおこなう。第一一回伊丹十三賞受賞。

浪花節《なにわぶし》で生《い》きてみる！

二〇二〇年一二月一四日　第一刷発行

著者　玉川奈々福《たまがわななふく》

発行者　古屋信吾

発行所　株式会社さくら舎　http://www.sakurasha.com

東京都千代田区富士見一-二-一一　〒一〇二-〇〇七一

電話　営業　〇三-五二一一-六五三三　FAX　〇三-五二一一-六四八一

編集　〇三-五二一一-六四八〇

振替　〇〇一九〇-八-四〇二〇六〇

装丁　石間　淳

カバー写真　御堂義乗

本文写真　森　幸一

編集協力　金丸裕子

印刷・製本　中央精版印刷株式会社

ISBN978-4-86581-274-9

効果的なウタヒの詠い方

これまでカタカムナを日常のなかで詠んできた人の中には、そのすごさに気づいた人もおられると思います。一方、「こんなにウタヒを詠んでも何の変化もないじゃないか」という人もいるでしょう。このような差が出るのは、一つにはウタヒの詠い方に原因があると考えられます。

ウタヒを詠って症状や病気を癒すには、準備、姿勢、声の出し方が決め手になるといってもいいくらいです。

ウタヒを詠う前に、まず地球へ「いつも自分を支えてくれてありがとう」という感謝の気持ちを送ります。そのあと天（宇宙）に、「生命を与えてくださりありがとうございます」という感謝の気持ちを送ります。

はじめてウタヒを詠うときは、できるだけ静かな場所で詠うようにします。軽く目を瞑《つぶ》って、自分の呼吸に注意を向けると、次第に心が落ち着いてきます。しばらくすると、自分と世界の境界がなくなったように感じることもあります。そのあと、ゆっくり目を開けてウタヒを詠います。

ウタヒは、暗記しなくてもかまいません。まずはコピーして壁に貼ったり、机上に置いたりしたウタヒを見ながら詠ってみましょう。全部暗記してから詠おうと思うとかなりの時間と労力がかかるので、できるだけやりやすい方法でおこなうようにします。また、自分の胸や背中に、図柄が外に向くようにしてウタヒを貼っても効果的だと思います。

一人でウタヒを詠うことに慣れてきたら、他の人、最初は一人くらいの人と一緒にウタヒを詠ってみましょう。一人でウタヒを詠ったときより、身体や心に感じるものが多くなります。これはウタヒを詠うときの意識のエネルギーが二倍になったためです。さらに慣れてきたら、より多くの人とウタヒを詠ってみてください。するとあなたはより大きなエネルギーに包み込まれるでしょう。カタカムナの講演会で何百人もの人と一斉にウタヒを詠ったことがあります。すると会場全体の空気感が変わり、皆口々に、「身体が熱くなって、気づいたらそれまであった症状が消えた」といっていました。

ウタヒは母音を意識して詠う

ウタヒを普通に詠っても、ある程度の効果は出ます。しかし、ウタヒの一語一語をゆっくりと引っ張って声に出すと、効果は数倍に跳ね上がります。

日本の言葉は「あ、い、う、え、お」の五つの母音と、「か、さ、た、な、は、ま、や、ら、わ」という子音で構成されています。ひらがなをローマ字表記にすると、「か」は「KA」になります。「K」は子音で、「A（あ）」は母音です。「き」は「KI」と書きます。「K」が子音で、「I（い）」が母音です。

一つひとつの言葉を長く声に出すと、母音が強調されます。たとえば「き」は、伸ばすと「きいいいい」となって「い」が強調されます。

一語一語をゆっくりと引っ張って詠うと母音を意識して詠うことになります。

特に、声が反響するお風呂場のような場所で、ウタヒを一語一語ゆっくりと引っ張って詠うと、身体中に鳥肌が立つほどの変化を感じます。

母音を意識してウタヒを詠うことが癒しの精度を上げるコツです。

この時、両人差し指をアンテナのように立てて詠うとより効果的です。

このような詠い方で私が第2首を詠むと、左半身に痛みを訴える女性は「痛みが消えた」と言いました。頭痛持ちの20歳の女性の場合、私が第7首を詠むと、その場で頭痛が消えました。

資料 6-1 ウタヒを詠う時の姿勢

両手の人差し指をアンテナのように立てて詠う

指でなぞるだけで身体の変化がある

ウタヒを詠ったときのような変化は、ウタヒをなぞったときにも起こります。

カタカムナ文字には風車のように回転したり、静止したりしている文字があります。一つひとつの文字を注視しながら指でゆっくりとなぞってゆくと、その回転のエネルギーや、静止の持つ無や空の次元の何かが、指に伝わってくる感じがします。ウタヒをなぞることで、人の意識が、渦巻き状に配置された文字一つひとつと共振して、その場に高次元空間が現れるのです。

これは80首のうち、どのウタヒをなぞっても起こりますが、入ってくるエネルギーや働きはそれぞれ異なります。そして、80首全部をなぞり終えると、自分と80種類の高次元空間がつながり、そこから情報やエネルギーが入ってきて一つに統合し始めます。ですから、一度はじっくりと時間をかけて80首のカタカムナをなぞってみるのもよいでしょう。

ウタヒは、指でなぞると、身体が浮き上がるように上に引っ張られる感覚や、後ろに押されたようにのけぞったり、汗が噴き出したり、身体が勝手に動き出す「自発運動」が出たりすることもあります。自発運動が出たときは、身体が自分自身を癒そうとする最高の動きなので、怖がらなくても大丈夫です。自発運動が出たときにどうしても止めたくなったら、両手の親指の先端をくっつけるだけで止まります。

敏感な人は、身体に微妙な風を感じるかもしれません。神風という言葉は、このようなところから来たのかと考えます。

中心図形から右回りになぞる

①ウタヒをなぞるときは、まず中心図形からはじめます。中心図形とはヤタノカカミ、フトマニ、ミクマリのことです。はじめに中心図形に触れます。そこで、自分の意識状態をできるだけゼロ（無）に近い状態にします。軽く目を閉じて、自分の呼吸を数十秒から数分観察すれば、心はゼロ（無）の状態になります。

②そのあと、ウタヒを中心から外側へと、右回りになぞっていきます。

③①〜②を、最低3〜4回おこないます。

右回りは、目の前の三次元空間にある要らないもの（不要になった情報や記憶、エネルギー）を消去する作用があります。

80首すべてなぞっても大した時間はかかりませんし、効果は間違いなく上がります。

人の眼は顔の前方についているため、人の意識は身体の前方にだけ向かいやすくなっています。しかし、ウタヒを指でなぞっていくと、前方に向かっていた意識が背面にも向かうようになり、前後でバランスが取れるようになります。さらに続けていくと、３６０度すべてを見渡す球体の視点を持つことができるようになります。すると、それまで気づけなかったことに気づけるようになります。その結果、新しい発見や素晴らしい発明をし、今ある才能を開花させたり、新たな能力に目覚めます。

資料 6-2 カタカムナウタヒと中心図形

カタカムナウタヒ第11首

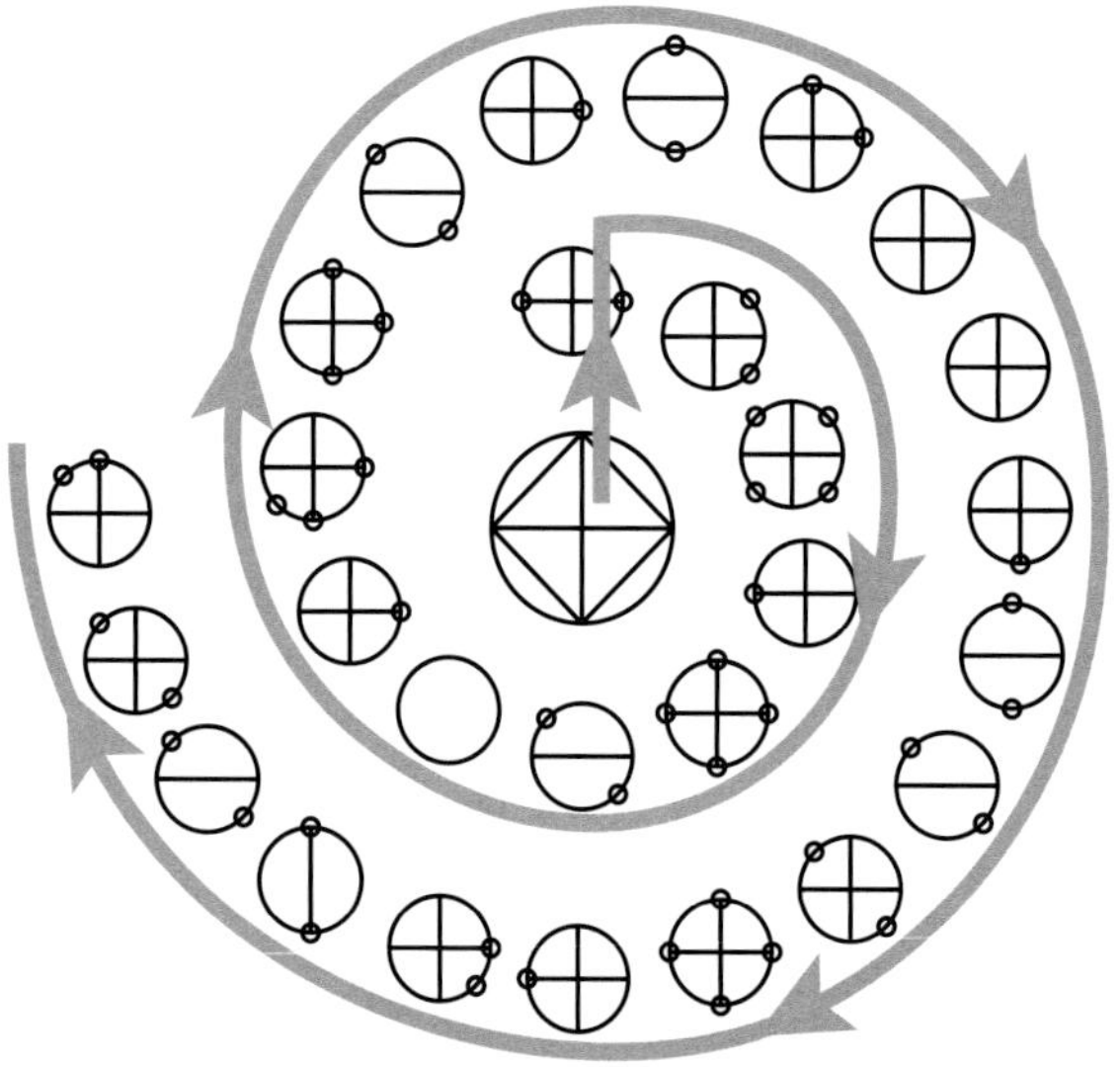

カタカムナの中心図形

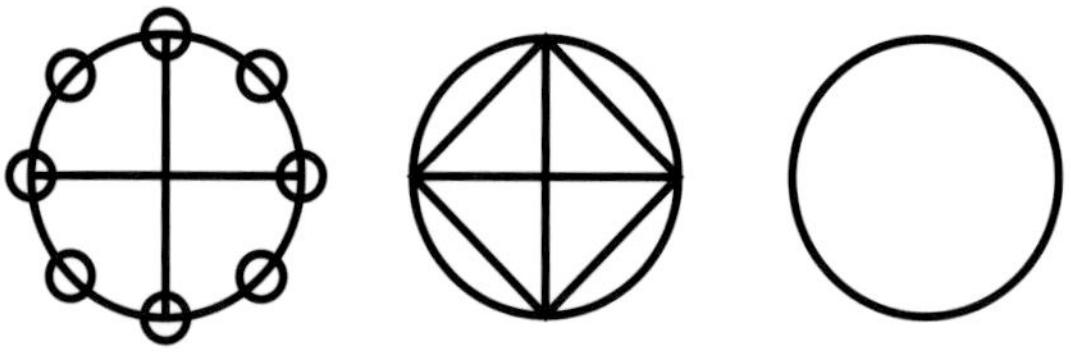

ヤタノカカミ　フトマニ　ミクマリ

ウタヒの中心には、ヤタノカカミ、フトマニ、ミクマリの3種類の中心図形がある。ウタヒはすべて、中心図形からラセンを描く

図形を見ながら発声する相乗効果

ウタヒをなぞりながら詠うと、癒しの効果がより大きくなります。この場合は、目を開けて、本を見ながらおこないます。一日で一気に80首を詠いながらなぞるのではなく、何日かに分けておこなってみてください。決して無理をして一日で80首をやり終えようとしないことです。というのは、一日で80首をやろうとすると疲れることがあるからです。

ウタヒに色を塗ると気持ちがゆったりする

ウタヒを見ると、それに色をつけたくなるという人が少なくありません。その場合、本をコピーして思いのままに彩色してください。

また、彩色したものを指でなぞると、もともとのものをなぞるのとちがった感触が得られるかもしれません。図形や形、文字だけではなく、色もまた固有の周波数を発しているからです。彩色した高次元ウタヒを見たり触れたりすると、気持ちがゆったりとして、とても気持ちよくなります。これは、自分に最もふさわしい高次元空間がその場に現れるためでしょう。

彩色に関しての決まりはありませんが、はじめは1文字1文字を赤、黄、緑、青の4色で塗り分けてみてはいかがでしょうか。というのは、この4色は顕在意識の色だからです。（詳しくは拙著『あなたの潜在能力が発火する 最強のクスリ絵』〈フォレスト出版〉を参考にしてください）。数学では、「平面上の地図は、隣り合う領域を塗り分けるのに4色あれば充分である」という、有名な四色定理（四色問題）があります。それも踏まえて、まずは4色で塗ることをおすすめします。

4色（赤、黄、緑、青）で彩色したあとは、9色（ちり〈薄紫〉、赤、オレンジ、黄、緑、青、藍、紫、みょ〈オリーブ色〉）で彩色することをおすすめします。ちなみにこの9色は潜在意識をあらわす色です。潜在意識は身体をコントロールし、自分自身が体験する現実を創造しています。9色で塗ることによって、潜在意識と自分との結びつきが知らず知らずのうちに強くなります。その結果、身体の調子がよくなり、体験する現実もよいものに変化します。

ウタヒによって誰でも治癒のスイッチがオンになる

治癒のプロセスを発動させることは案外大変です。その人が固定観念として持つ医学常識にひびを入れ、最終的にそれを壊さなければ、特に難しい症状や病気の治癒は起こりません。なぜなら、症状や病気は、人の思いや考えが身体の主である潜在意識に伝わることでつくられるからです。医学常識の固定観念に風穴を開けるには、人生で経験したことのない衝撃的な体験が必要です。その衝撃を与えてくれるものの一つとして、高次元空間を直に《じか》体験するという方法があります。

一度でも高次元空間を体験すれば、それまで身体に対して抱いていた固定観念、医学常識にひびが入ります。やがては、固定観念の壁が全壊し、治癒の扉が一気に開き、症状や病気は治りやすくなります。

ウタヒによって、誰でも治癒のスイッチがオンになるのです。

高次元空間が現れる「毎日ウタヒ習慣」のすすめ

折に触れてウタヒを詠い、触れていると、自然と意識が変化し、高次元空間とつながりやすくなります。その結果、人生が突然よい方向に転換する場合があります。なぜならウタヒにはあらゆるものの歪《ゆが》みをチューニングし、本来あるべき状態に戻す働きがあるからです。ウタヒを見ながら詠っていると、愛でないもの、智慧でないもの、美しくないものは抜け落ちていきます。

一つ、また一つと、ウタヒを詠みながらなぞるとき、人の意識は階段を一段一段昇るように、より高次元の領域の意識に成長していきます。ウタヒは、人の意識がすべての生命あるもの、大宇宙と協調し、進化するためのツールです。

続けることで知覚が鋭敏になる

ウタヒを詠って高次元空間が現れても気づかない場合があります。しかし、感じることができないからといって高次元空間が現れていないわけではありません。感じることができなくても、ウタヒを詠むことを続けていれば、より高い波動を持つ高次元空間があらわれ、同時に高い波動を知覚する能力も上がる可能性があります。すると、ウタヒを詠むたびに、新しい高次元空間が現れることがわかるようになるでしょう。

こうして、あなたがウタヒに触れ、ウタヒを詠むたびに、あなた自身だけでなく、周りの人が健康で元気になり、場合によっては病気が癒されます。するとますますウタヒに触れること、詠むことが楽しくなってきます。あなたが結果を気にせずにカタカムナを繰り返し続けることで、ウタヒの効果が出やすくなります。人生をよいほうに向かわせたいなら、日々ウタヒに触れ、日々これを詠うことです。自分の人生を豊かにするにはこれより早い道はありません。

第7章

カタカムナ 天使文字の誕生

「角度」が違えば
未来が変わる

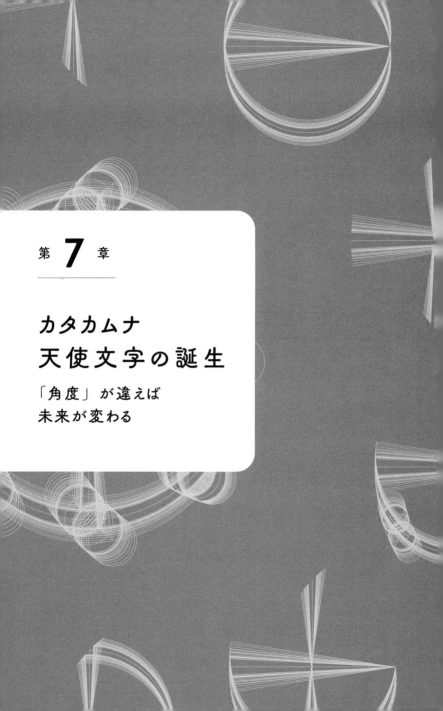

未来は決まっていない

私はつい最近まで未来は決まっていると思っていました。今この瞬間から先の未来において、自分に起こる出来事や自分が体験する予定の出来事はすでに決まっていて変えられないと思っていたのです。ところがウタヒを詠うと、体験する現実が予想に反してよい方向に変化するという経験をしました。それも一度や二度のことではなく、高い確率でウタヒを詠うとよい方向に変化したのです。このような体験をするにつれ、ほんの少し先の未来も、それよりもずっと先の未来も、決まっていないということが徐々にわかってきました。

それは、「私たちが未来に体験する出来事や状況は、その瞬間がくるまで確定していない」ということです。たとえば、私が一時間後に体験しうる現実は無数にあって、方法さえ知っていれば、無数にある未来の中から自分にとって好ましい未来を選びとることができるということです。この無数にある確定されていない未来こそ、私はパラレルワールドではないかと思っています。

角度が違えば未来も変わる

私の体験からすると、ウタヒを詠うだけで、未来によりよい現実を体験できるようになります。しかし、どちらかというと、よい体験をするよりも、イヤな体験をしないようにだけしたいという人も、なかにはいらっしゃるかもしれません。私もできればよい体験はしなくても、イヤな体験だけは避けたい派です。さらに欲をいえば、イヤな体験をなくして、よい体験で人生をいっぱいにしたいものです。そんな都合のいい方法があるのかと思われるかもしれませんが、実はあるのです。それがこれからお話しする角度を使う方法です。

理解しやすいように、角度を測るときに使う分度器（資料7－1）を使って説明します。

この半円の分度器の中心0が、自分が今いるこの瞬間を示しています。円の半径は時間の長さを表します。仮に半径を1時間とすると、円弧Aは1時間後の未来に自分がいる時空間を表しています。それぞれの時空間には、自分にとってよい現実や悪い現実があります。

1時間後の未来にどの現実を体験するかは、0点からどの角度を選ぶかで決まります。たとえば、90度の角度を選ぶと1時間後には泥棒の被害に遭ってしまい、45度の角度を選ぶと最高の現実を体験できる、というイメージです。このように、角度によって未来に体験する現実のよし悪しが決まります。できれば自分にとって好ましい現実が起こって、イヤな現実は起こらないでほしいものです。しかし、私たちが角度を選ばないで、成り行きに任せ、何の対策もしないでいると、1時間後に自分が体験する未来が悲惨なものになる可能性があります。たとえば1時間後に事故に遭う現実がある時空間への角度が選ばれると、本当に事故に遭います。「私は何をやってもだめなんだ」「ついていない」というような人の場合は、未来に悪い現実が起こる角度を知らず知らずのうちに選んでいる可能性があります。そうならないために、よい現実が待つ時空間に行く角度を選ぶ必要があります。

資料 7-1 時空間の角度と1時間後の未来

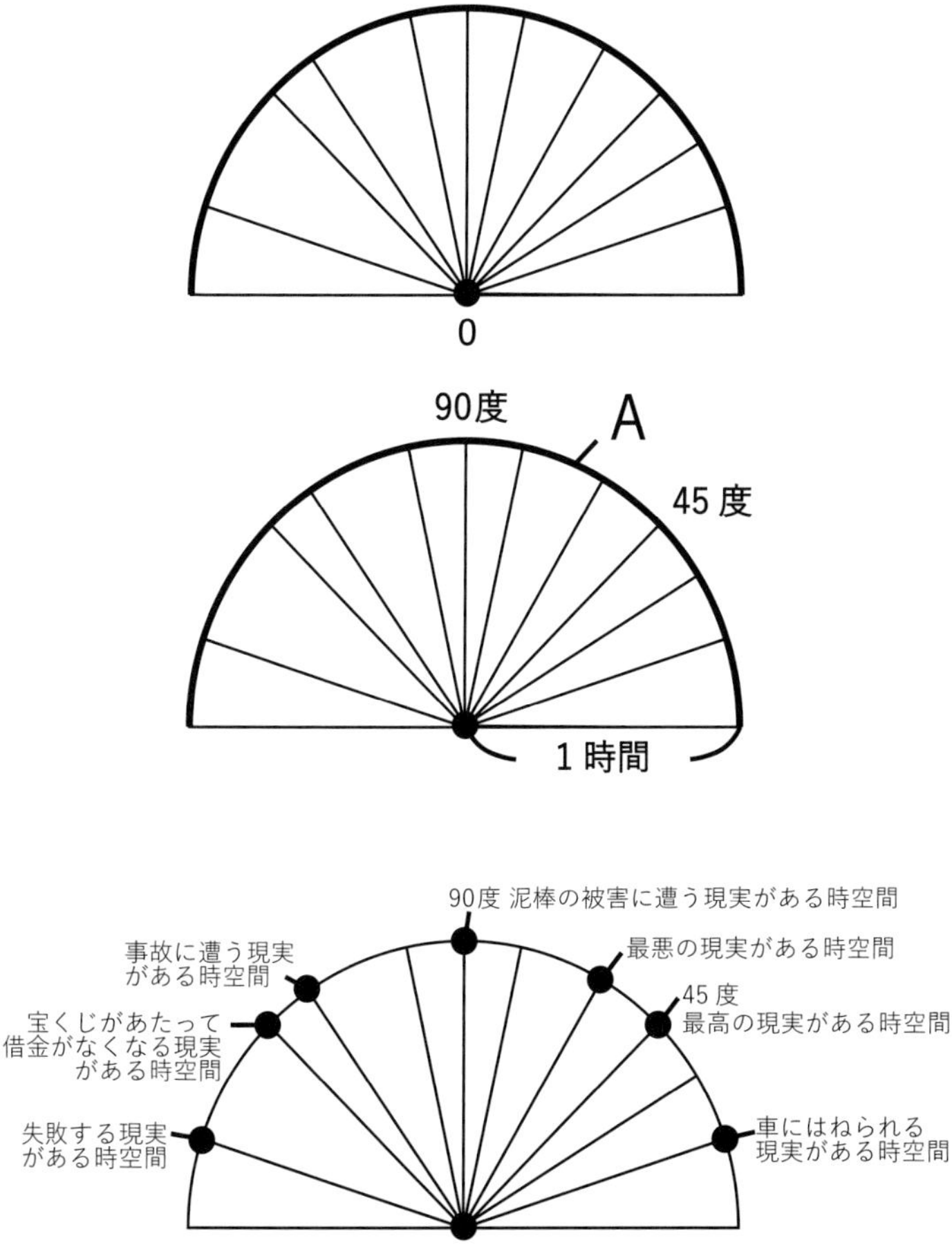

角度の違いによりさまざまなパラレルワールドが存在する。どの角度を選ぶかで、未来は大きく変わってしまう。

よい未来が待ち受ける時空間への角度

「自分にとってよいことが起こる未来」が待ち受ける時空間へ到達する角度は、一つではなくいくつもあります。そしてその角度を選ぶときに決め手になるのは素数です。素数とは1とその数でしか割ることのできない数字のことです。素数は1とそれ自身以外で表すことはできません。たとえば素数の5は1×5としてしか表すことができません。しかし素数でない6は、1×2×3のように、2つ以上の素数のかけ算で表すことができます。つまり、6は2と3の素数でできているのです。素数のすごいところは、あらゆる素数でない数の母胎、数のマトリックスになっていることです。このように素数には、あらゆる数字を創造する神のような力があるため、古代の人は素数は神であるといったのです。神の如《ごと》き素数から求めた角度は、間違いなく人を幸せな未来に導きます。

素数が決め手になるというのはわかったけれど、それからどのようにして角度を選ぶのかという疑問は当然でてきます。その答えは至ってシンプルです。

円を表す360度を特定の素数で割ると角度がでます。その角度が最適な時空間への角度になります。どうしてそんなことがいえるのかというと、実際に症状がある人、病気がある人、問題を抱えている人に適切な角度の情報を与えてみた場合に、これらの不調和が一瞬または短期間で消えることが高い確率で起こるからです。

カタカムナ文字に角度の要素を付加する

これまで角度が重要だと説明してきました。しかし、角度といってもどのように応用するかが問題になります。いろいろ考えた結果、時空

資料 7-2 基本のカタカムナ「カ」と天使文字「カ」

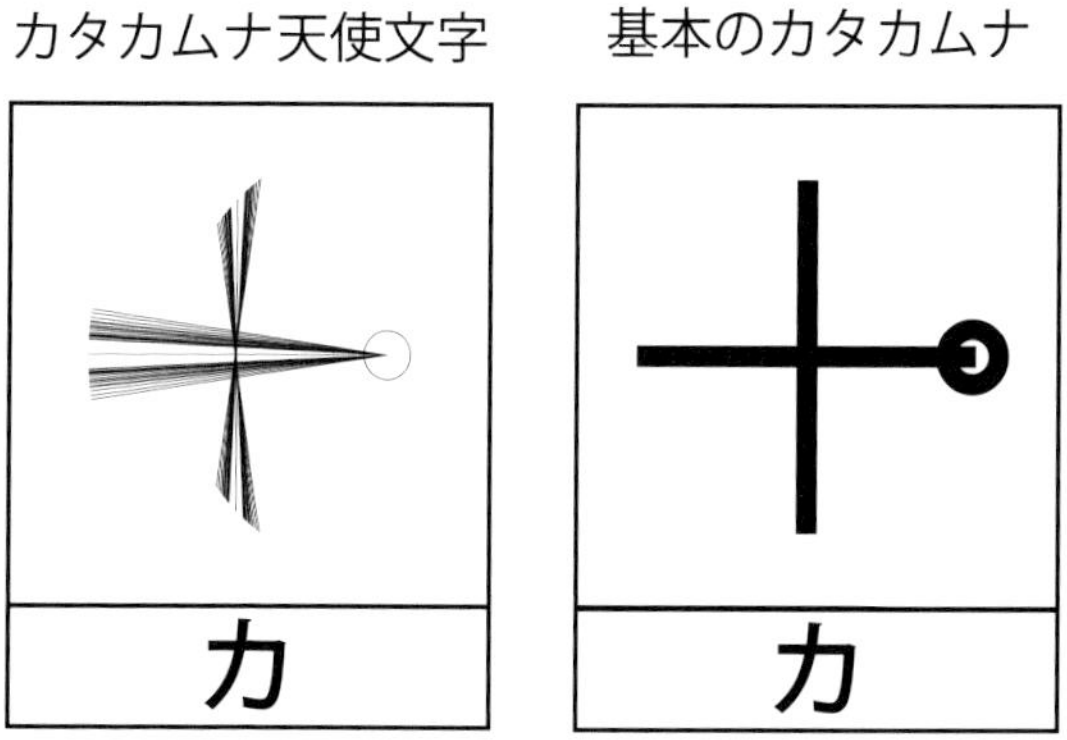

基本のカタカムナをベースに、素数から導き出した角度を使うことで、天使文字が誕生

間をコントロールする力を持つカタカムナ文字に角度の要素を付加することにしました。

カタカムナ文字の一点を固定し、360度を素数で割った角度で文字をスウィングさせたものがカタカムナ天使文字です。

カタカムナ天使文字の二つの働き

カタカムナ天使文字には二つの働きがあります。一つは、これまで説明してきたように、自分が未来に体験する現実を、自分にとって好ましいものにするという働きです。もう一つは、人と高次元空間をつなぐという働きです。もともと人と高次元をつなぐ働きを持つカタカムナ文字からつくられているので、これは当然といえば当然のことです。しかしその作用は、カタカムナ文字よりカタカムナ天使文字のほうが強いようです。

資料 7-3 カタカムナ天使文字48音一覧

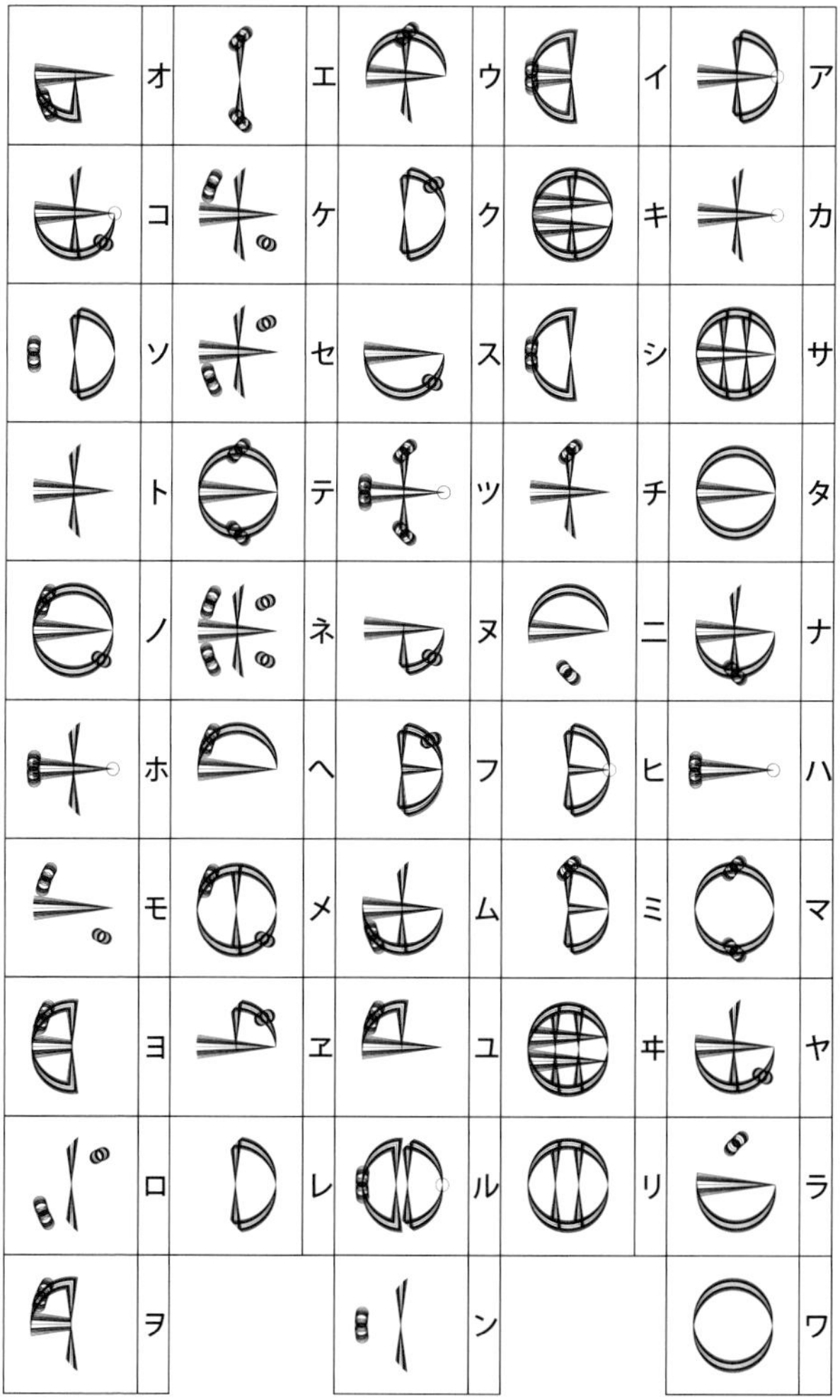

資料7－3はカタカムナ天使文字48音を示したものです。この文字を使って神様の名前や自分の名前、ありがとう、愛しています……などの言葉にすると、よい未来が待っている時空間に行くことができます。

カタカムナ天使文字で表すウタヒ

カタカムナウタヒのカタカムナ文字を、このカタカムナ天使文字に置き換えてみると、天使文字カタカムナウタヒができます。これを人の身体に貼ると、一瞬で背骨のゆがみが消えたり、痛みが消えたり、汗をかくほど熱くなったりしました。これは次元が変わったときのサインです。少なくともこのとき、意識は高次元空間とつながり、高次元空間から生命エネルギーが身体に流入します。一瞬で身体が熱くなるのはそのためです。

天使文字ウタヒ　第2首

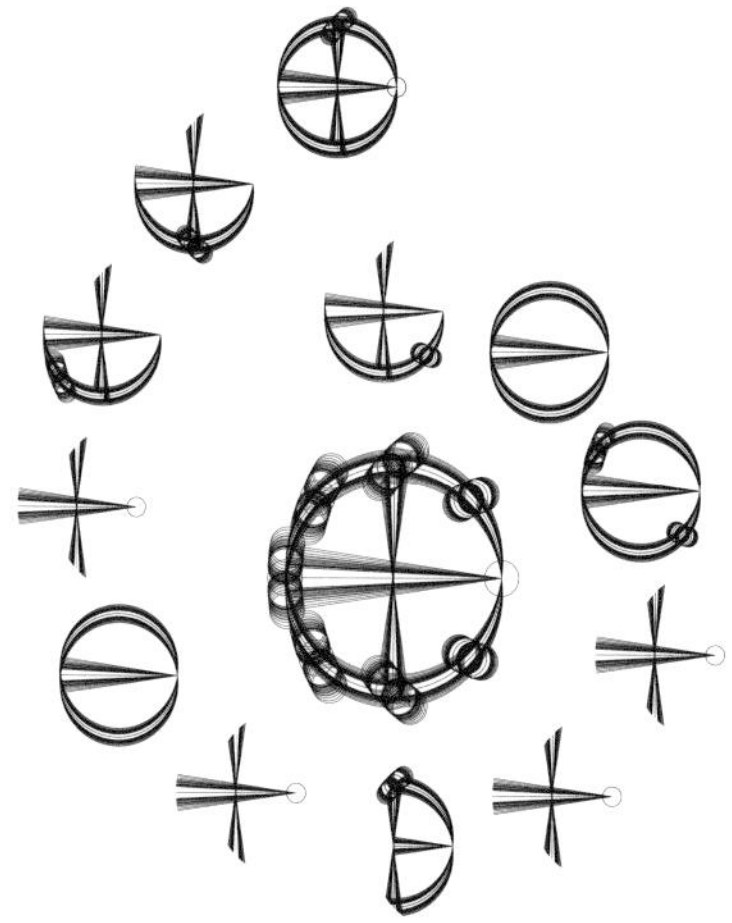

ヤタノカカミ　カタカムナ　カミ

天使文字ウタヒ　第５首

ヒフミヨイ　マワリテメクル　ムナヤコト　アウノスヘシレ　カタチサキ

天使文字ウタヒ　第6首

ソラニモロケセ　ユエヌオヲ　ハエツヰネホン　カタカムナ

天使文字ウタヒ　第7首

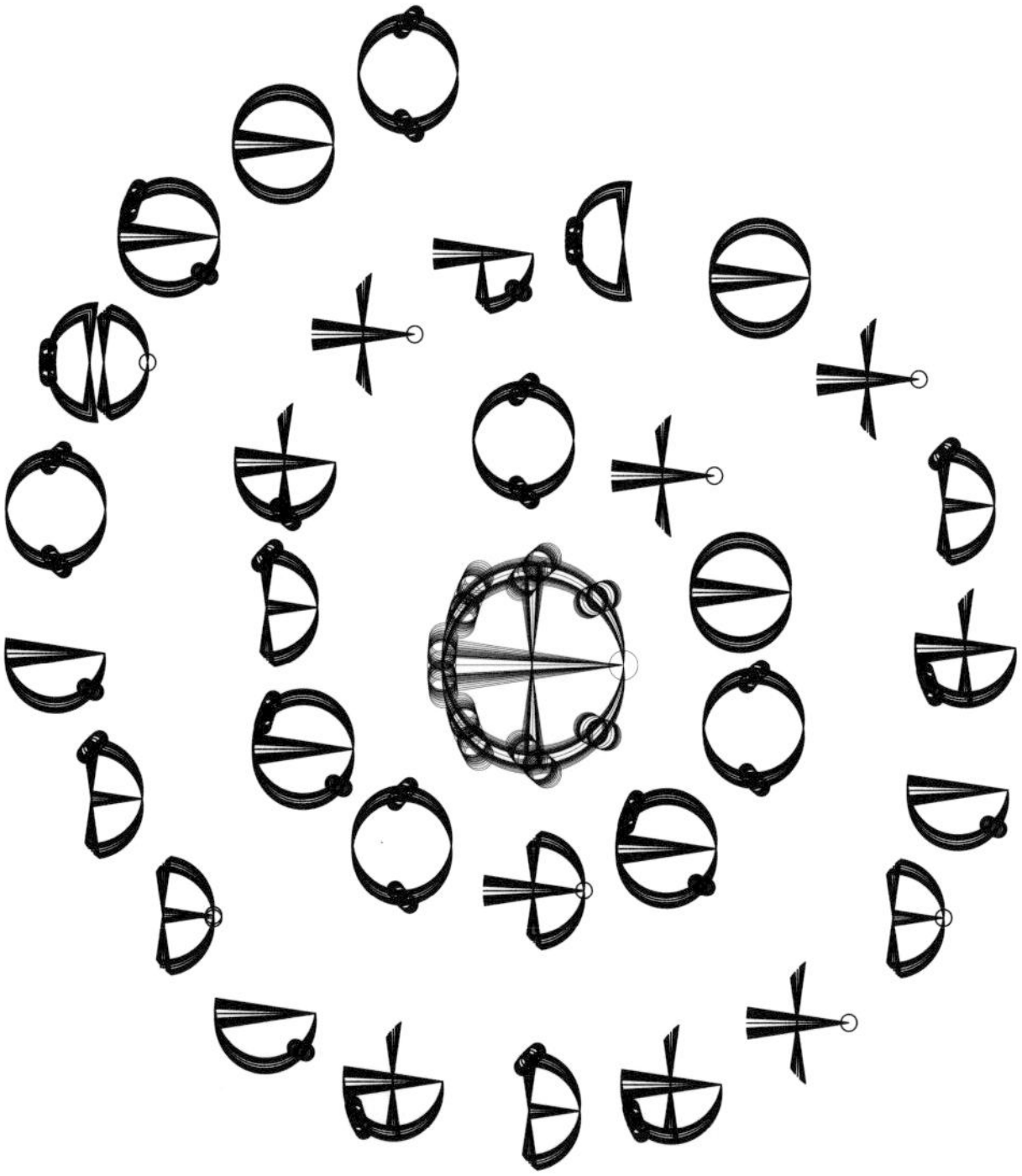

マカタマノ　アマノミナカヌシ　タカミムスヒ　カムミムスヒ　ミスマルノタマ

第 8 章

名前は高次元へのアクセスコード

カタカムナ文字で名前を表す

カタカムナ文字で名前を表す

ねぇねぇ カタカムナ文字で名前を作ってくれるんだって～
うん 一人一人の患者さんの名前をカタカムナ文字に変換してそれを渡してる
それって何か意味があるの?
あるよ
どんな?
運勢がよくなる 事故や事件 トラブルに遭わなくなる
当たったー!
ほかには?
健康になれる 病気をしにくくなる ぐっすり眠れるようになる
スャ～

すごい…
でもどうしてそんなすごいことが起こるの？
それはね…
カタカムナ文字で書いた名前には人生をよい方向に導く力があるんだ
人生は船が航海するのと似ている…ぼくたちは大海原を進む一艘の船みたいなものなんだ
船はどの方向へ行くこともできる

船が行く方向さえ決めれば東西南北どこにでもいける
あえて行く方向を決めなくても海流に身をまかせてしまうこともできる
それで大丈夫な場合もある
ただし…
海流に任せていると岩に乗り上げて航行できなくなることもある
時には海賊に出くわして攻撃されることもある…
嵐や台風に遭うこともある
実際どの方向に進んだらベストなのかわからないことも多い

浅瀬や座礁は目に見えないし
あ！ぶつかる！
嵐や台風はいつ発生するかわからないから
人生（船）の舵とりはどうしたらいいんだろう？
常に最高の行き先、角度、航路を指し示してくれるコンパスみたいなものがあったらいいのに…
スーパーコンパス君
左に45°
左へ30°
右へ主舵いっぱ〜い！それで安全・最高！

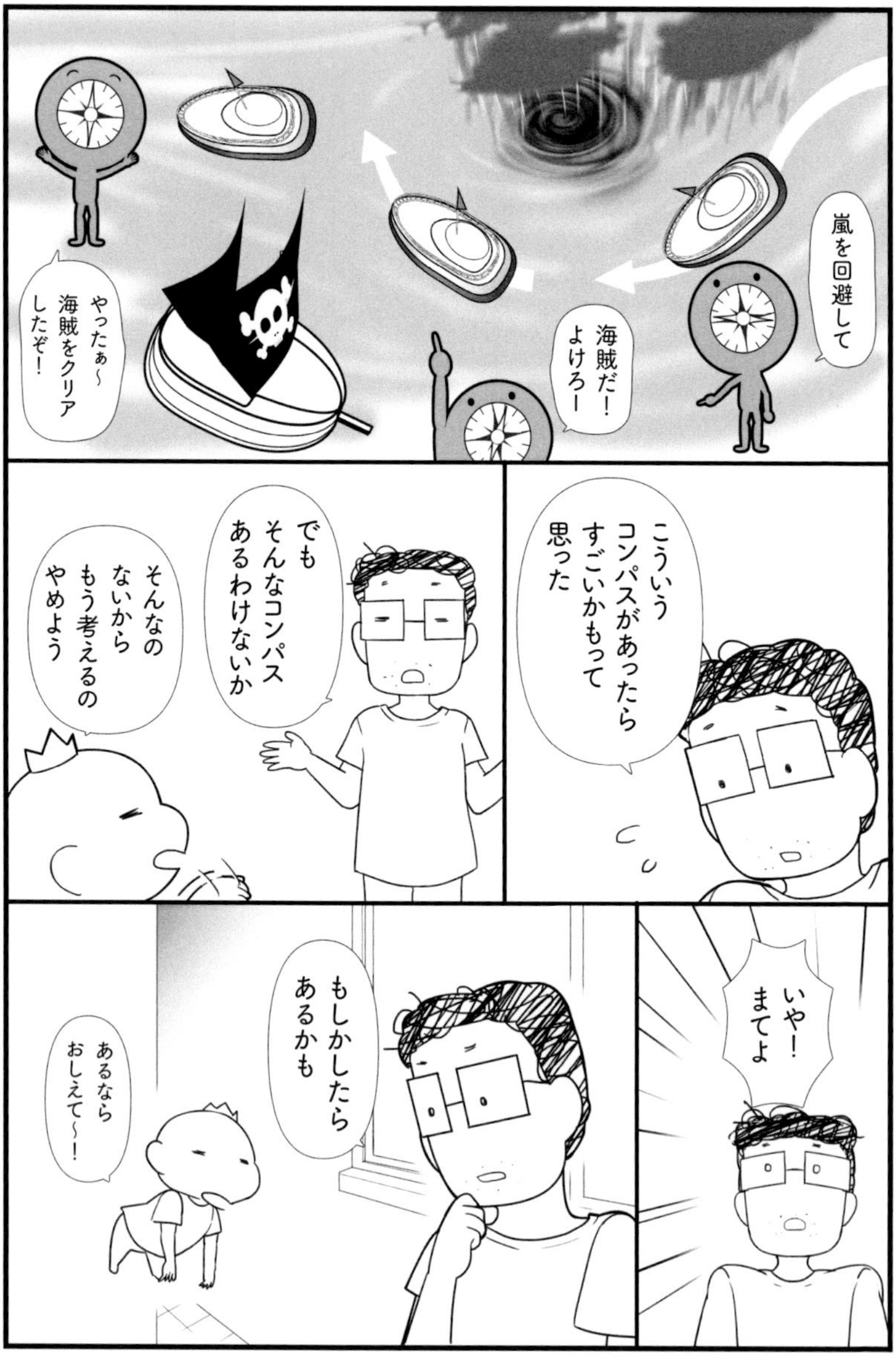

嵐を回避して
海賊だ！よけろー
やったぁ〜海賊をクリアしたぞ！
こういうコンパスがあったらすごいかもって思った
でもそんなコンパスあるわけないか
そんなのないからもう考えるのやめよう
いや！まてよ
もしかしたらあるかも
あるならおしえて〜！

それは名前
名前？ ただの名前!?
そう！ ただの名前こそが スーパーコンパス なんだよ
自分の名前 ＝ スーパーコンパス
でも 名前なんて みんな持ってるし
名前は 持っている だけでは だめなんだ
名前を 使わないと いけないんだ
名前

最初は
どうやって名前を
使えばいいのか
わからなかった

子どもの頃
自分の名前を
学習帳にいっぱい
書いたけど
何も変わらなかった

丸山 修寛
丸山 修寛
丸山 修寛
丸山 修寛
丸山 修寛
丸山 修寛
丸山 修寛
丸山 修寛
丸山 修寛
丸山 修寛

ガリ
ガリ

今は
ワクチンを打つときの
用紙に名前を
書いているけど…

何も変わらない!

どうすれば
いいんだろう…

もしかしたら
今までと
違った文字で
名前を書くと
いいかもね

え!

それって案外よい
アイディアかも…

自分の名前をカタカムナ文字で書いたら…
カタカムナ文字で名前を書く…
その手があったか!
サラ
サラ
マルヤマ ノブヒロ
ほら書いたよ!
書いたけど何か変わったかな?
大した変化はないような…変化がない
しょぼん…
カタカムナ文字じゃなかったのかなぁ…

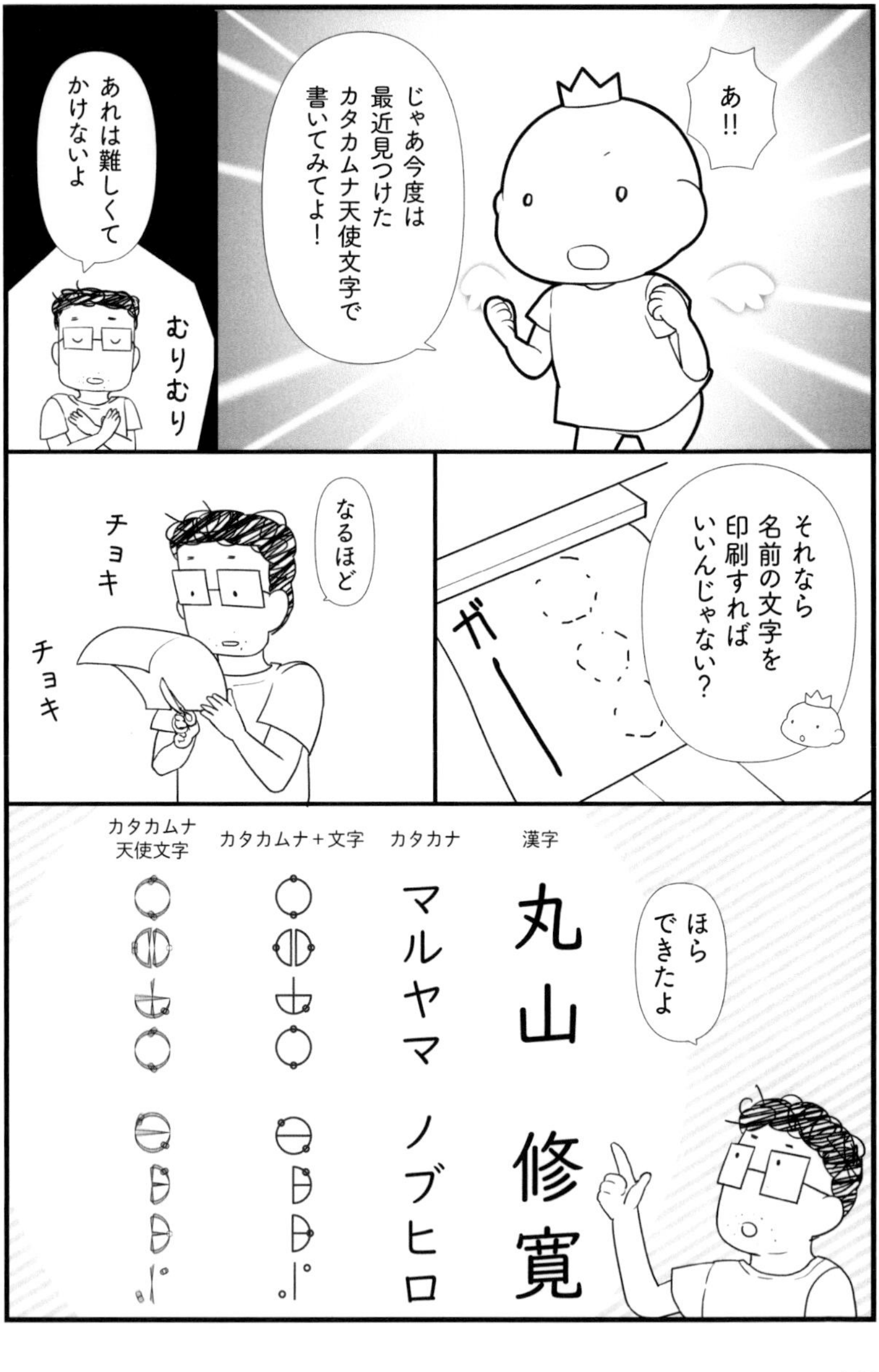
あ!!
じゃあ今度は最近見つけたカタカムナ天使文字で書いてみてよ！
あれは難しくてかけないよ
むりむり
それなら名前の文字を印刷すればいいんじゃない？
ガー
なるほど
チョキ
チョキ
ほらできたよ
漢字
丸山 修寛
カタカナ
マルヤマ ノブヒロ
カタカムナ＋文字
カタカムナ天使文字

できたらそれを自分の背中やお腹に貼ってみて
ペタ
ペタ
裸になる必要はないよ…
シャツや服の上から絆創膏で貼ってみて
こうするんだよ
いい感じじゃない？
何か変化はあった？
ん～変化はないメガネがズレなくなったことくらい…
すごくどうでもいいね…

あれ？
なんか変化が…
ハートがほっこりして
心が落ち着いてきた…
スコンと抜けた
感じがして気持ちいい
無・空
こんなのはじめてだ
このカタカムナ天使文字に置き換えた名前はすごいかも…！
とうとう名前のベストな使い方を見つけたねー
やったね！
カタカムナ天使文字に置き換えた名前は人生のスーパーコンパスの役目を果たしてくれるよ

カタカムナ天使文字に置き換えた自分だけの名前は自分だけのお札みたいな感じで使えるよ
玄関、裏口カバンの中、枕の下布団の下…ベッドの下に敷いておいてもいいよ
すやすや
ぼくは布団の下に20枚敷いて寝たら10時間も爆睡しちゃった
は〜スッキリ！
よかったね！

ウタヒに出てくる神様の名前

ウタヒには、数多くの神様の名前が登場します。たとえば、ウタヒ第7首の「マカタマノ　アマノミナカヌシ　タカミムスヒ　カムミムスヒ　ミスマルノタマ」には、アマノミナカヌシ、タカミムスヒ、カムミムスヒという、日本神話の中心的な三柱の神様が登場します。そして、全80首のウタヒに登場する神様の名前は何十柱もあります。なぜウタヒには、これほどまでに多くの御神名《ごしんめい》が書かれているのでしょうか。神様の名前には何か意味や働きがあるのでしょうか。

神社の御札には、アマテラスオホミカミやオホクニヌシノミコトなどの神様の名前が書かれています。そして御札には、金運や交通安全、開運、病気平癒、受験合格などとは書かれていません（お守りは別ですが）。神様の名前が書かれている御札には、神界（高次元世界）に住む神様と私たちをつなげる力があります。私たちが家に神棚を設置し、神社の御札を納め祈るのはこういった理由からです。たとえば私たちが神棚の前でアマテラスオホミカミと声に出して祈ると、アマテラスオホミカミの名前がパスワードになってアマテラスオホミカミがいる神界（高次元世界）とつながります。そして、アマテラスオホミカミと見合うことになります。

80首のウタヒに数十柱もの神様の名前がでてくるのは、それぞれの神様の名前をいうたびに、それぞれの神がいる神界（高次元世界）とつながるようにするためだと考えています。もしかしたら神界（高次元世界）とつながるだけでなく、神界（高次元世界）と三次元世界を隔てているゲートが開いて、その場に神界（高次元世界）そのものが現れるのかもしれません。神棚の前で祈っていると、頭の上のほうからご神氣が降りてきて、部屋中がそれに満たされる感じがするからです。

人の名前に秘められた力

人の名前にもベストな人生を創造する力があります。

でも、「私の名前は親や家族が勝手につけたものだから、そんな力なんてないのでは」と思われるかもしれません。しかし、私たちの名前は勝手につけられたものなどではなく、宇宙が名付け親を介して私たちに与えた名前なのです。したがって名前にはとてつもない力が内在しています。ただ、これまで私たちはその力を発揮させる方法を知らなかっただけです。

日本語で書いた自分の名前にもある程度の力はありますが、高次元世界とつながる場合には、やはりカタカムナ文字で書いた方が断然つながりやすくなります。まずは自分の名前をいつものように書いたあと、カタカムナ文字で自分の名前を書きます。それだけでも何らかのよい変化が起こる人は多いようです。

自分の名前をカタカムナ文字ですらすらと書けるようにしておくと、高次元世界につながりやすくなるので、時間があるときに是非練習してみてください。

それでは、ここから実際に、自分の名前をカタカムナで書いてみましょう。まずは基本のカタカムナ文字で書きます。そのあと高次元カタカムナ、最後にカタカムナ天使文字に変換します。

名前をカタカムナ文字に置き換えるときのお約束は「濁点を外す」

名前をカタカムナ文字、高次元カタカムナ文字、カタカムナ天使文字に変換する際、名前に濁点があるときは、濁点は外します。たとえば「黒田吾一《くろだごいち》」という名前の場合、「だ」と「ご」の濁点を外して「た」「こ」にし、「クロタコイチ」で変換します。

カタカムナ文字で名前を書く

ではまず、名前を基本のカタカムナに変換してみましょう。やり方は次のとおりです。

① 名前をカタカナにする。
② 濁点を外す。
③ 22ページの「カタカムナ48音一覧」を見ながら、相応するカタカムナ文字を書き込む。

資料 8-1 カタカムナ文字で名前を書いてみよう

例

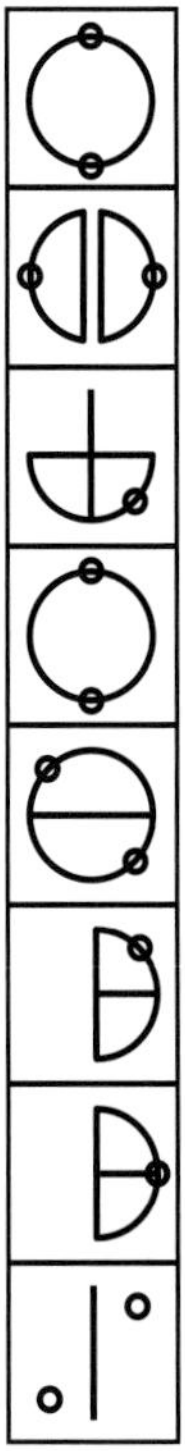

カタカナ
（マ）（ル）（ヤ）（マ）（ノ）（フ）（ヒ）（ロ）

カタカナ

カタカナ

22ページの「カタカムナ48音一覧」を見ながら書いてみましょう。名前に濁点があるときは、濁点を外します。

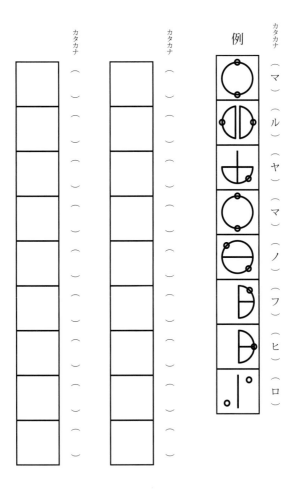

高次元カタカムナ文字で名前を書く

次に、名前を高次元カタカムナ文字に変換してみましょう。P103の高次元カタカムナ文字一覧を見ながら書いてみましょう。

① 名前をカタカナにする。
② 濁点を外す。
③ 105ページの「高次元カタカムナ48音一覧」を見ながら、相応する文字を書き込む。

難しいようであれば、トレーシングペーパーを「高次元カタカムナ48音一覧」表に当てて、上からなぞり書きしてもいいでしょう。書きあがったら、額に入れて飾り、折に触れて見るようにすることをおすすめします。この場合は、縦書きでも横書きでもかまいません。

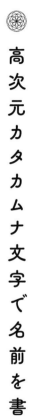

資料 8-2 高次元カタカムナ文字で名前を書いてみよう

カタカナ

カタカナ

例

カタカナ

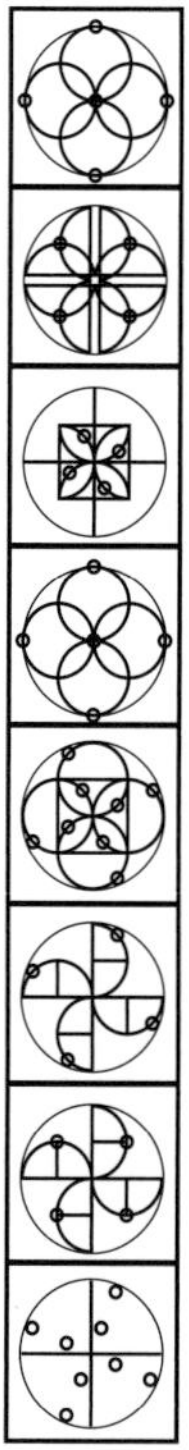

（マ）（ル）（ヤ）（マ）（ノ）（フ）（ヒ）（ロ）

105ページの「高次元カタカムナ48音一覧」を見ながら書いてみましょう。
名前に濁点があるときは、濁点は外します。

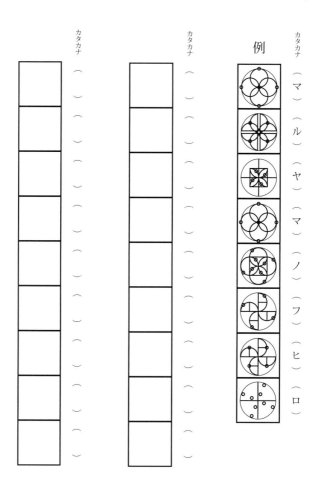

カタカムナ天使文字に名前を置き換える

今度は、自分の名前をカタカムナ天使文字に置き換えてみましょう。なぜ「カタカムナ天使文字で書いてみましょう」と言わないかというと、カタカムナ天使文字は、複数の線で構成されており、その微妙な角度をみなさんが再現するのは不可能だからです。そこで、名前をカタカムナ天使文字に置き換えるには、「カタカムナ天使文字48音一覧」表をコピーして、該当する文字を切り抜いて貼り付けていくのが最もよい方法です。いずれはスマホなどのデバイスで手軽に変換できるアプリを開発していきたいと思います。

① 名前をカタカナにする。
② 濁点を外す。
③ 225ページの「カタカムナ天使文字48音一覧」表を必要なだけコピーする。
④ 相応するカタカムナ天使文字を切り抜いて貼っていく。

資料 8-3 カタカムナ天使文字で名前を置き換えよう

例

カタカナ

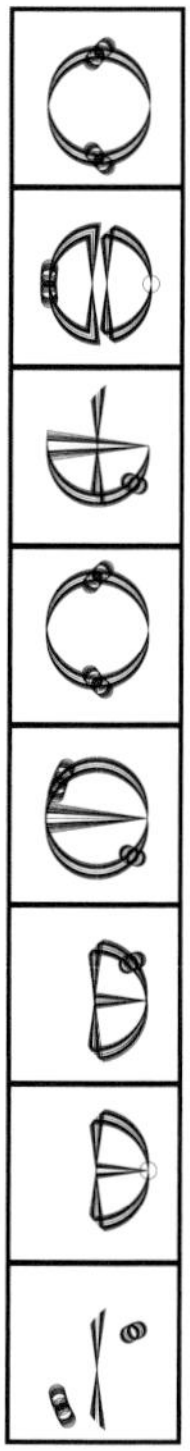

（マ）（ル）（ヤ）（マ）（ノ）（フ）（ヒ）（ロ）

カタカナ

（　）（　）（　）（　）（　）（　）（　）（　）（　）

カタカナ

（　）（　）（　）（　）（　）（　）（　）（　）（　）

225ページの「カタカムナ天使文字48音一覧」を使って切り貼りしましょう。名前に濁点があるときは、濁点は外します。

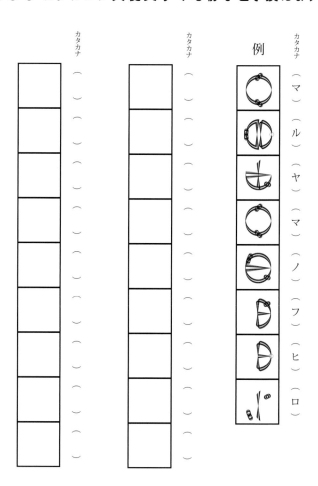

カタカムナ天使文字で表示した名前は、いったいどれほどの効力を持つのでしょうか。私はそれが知りたくて、こんな実験をしてみました。

カタカムナ天使文字で表示した自分の名前をたくさんコピーして、布団の下に敷き詰め、その上で寝てみたのです。いつも私は21時に寝て、早朝の4〜5時頃に目が覚めてしまうのですが、この日は7時30分までぐっすり眠ることができました。

この実験を、他の人にも試してもらいました。結果、やはりいつもよりぐっすり眠れるそうです。なかには、やることなすこととんとん拍子に進んでうまくいくので驚いた、という人も現れました。とにかくこのように名前を置き換え、眺めたり触れたりすることで症状が消えたり、問題が改善する人は多いようです。

カタカムナの名前でワークをする

さて、ここまで順番にやっていただいた人には、3種類のカタカムナ文字による自分の名前が出来上がったことでしょう。これらを眺めていると、楽しくなってきませんか？

さて、ここから例の「なぞりながら詠みあげる」ことをやってみましょう。1種類につき3回ずつ、自分の名前を人差し指でなぞりながら声に出してみるのです。するとその声が、波紋のように宇宙に広がっていきます。

私は、この3種類のカタカムナ文字で書かれた自分の名前を、クリニックの玄関や裏口に貼っています。すると、クリニック全体の空気や空間が、自分にとってしっくりくるような感じがします。

可能であれば、あなたも自宅にカタカムナ文字にした自分の名前を貼ってみてはいかがでしょうか？　きっと嬉しい出来事が起こるでしょう。

第 9 章

カタカムナの神様のクスリ絵

神々のカタチを創る

神々のクスリ絵

私は長年神様のカタチを創りたいと思ってきました。そして2022年、ついに神様のカタチを創る方法の一つがわかったのです。その方法を使ってカタカムナウタヒにあらわれてくる神々のカタチを創らせていただきました。

神々の名前が、神々のいる次元と私たちをつなぐパスワードになっているとしたら、神々の名前から創ったクスリ絵にも同じ働きがあるはずです。

そう考えて、カタカムナに出てくる数十柱の神々の名前をクスリ絵にしてみました。これらを見る、触れる、身につけるだけでも、私たちは最高の高次元空間にアクセスし、最高の現実を体験することができるようになります。

御神名は書物により呼称が異なります。今回紹介するのはカタカムナ文献（ウタヒ）に出てくる神々の呼称です。

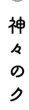

第37首　アメノクヒサモチ

商 売 繁 盛

自分の人生に光をあてる作用をもつ
クスリ絵です。
このクスリ絵を持っているだけで、
人からの引き立てによって人生が好転します。
人気を得る、商売繁盛、
仲間をつくりたいときに
最適なクスリ絵です。

第13首　イサナミ

インスピレーション

神さまが私たちに伝えようとしていることを、
受け取りやすくする働きをもつクスリ絵です。
神さまに質問して、
答えを授けていただきたいときは、
このクスリ絵に触れながら質問します。
答えは直接ではなく間接的に届けられます。

第５９首　オホトヒワケ

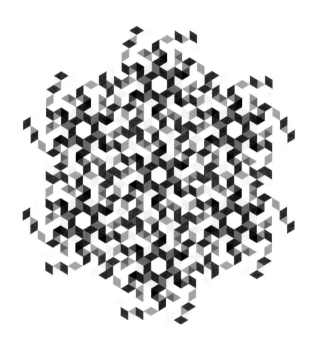

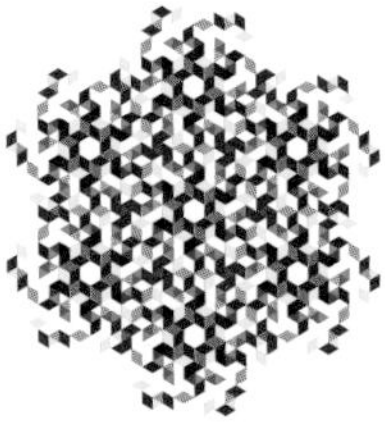

夢実現

オトトヒワケは、回転を司る神さまです。
クルクル回る風車のように、
物事をどんどん進ませる力があります。
夢を実現させたいとき、
この絵に触れながら
夢を具体的に心に描いてください。

第40首　タケイカッチ

戦略的な考え

振動を司る神さまのクスリ絵です。
身体や心、意識に振動を与え、
埃を落とすように
邪気やマイナスエネルギーを消し去ります。
受験や仕事のときなどの勝負運を高めます。
財布の中に入れておくか、
スマートフォンの待ち受け画面にしておくと
いいでしょう。

第47首　タケハヤスサノヲ

問題解決

回転と振動の両方を司る
神さまのクスリ絵です。
エネルギーが高く、
活動を拡げる力があるので、
仕事運を上げる働きをします。
解決したい問題があるとき、
このクスリ絵に触れながら、
「……が解決しました」といいます。
すると、問題は解決へと導かれていきます。

第45首　ヘツナキサヒコ

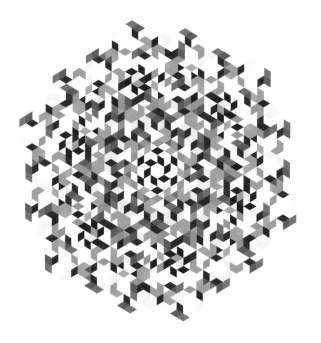

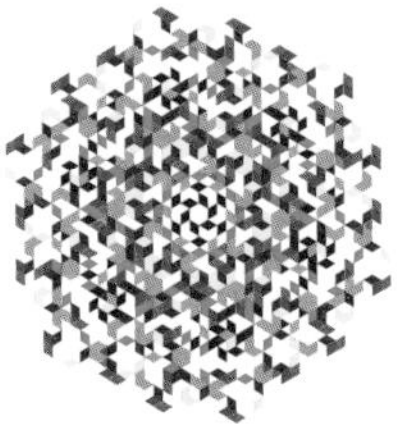

悪 縁 を 断 ち 切 る

情報やエネルギー、知識、財産を
積み上げていく働きをもつクスリ絵です。
使い方としては、
よく目にとまる場所に貼っておき、
時々眺めることです。

顕在意識

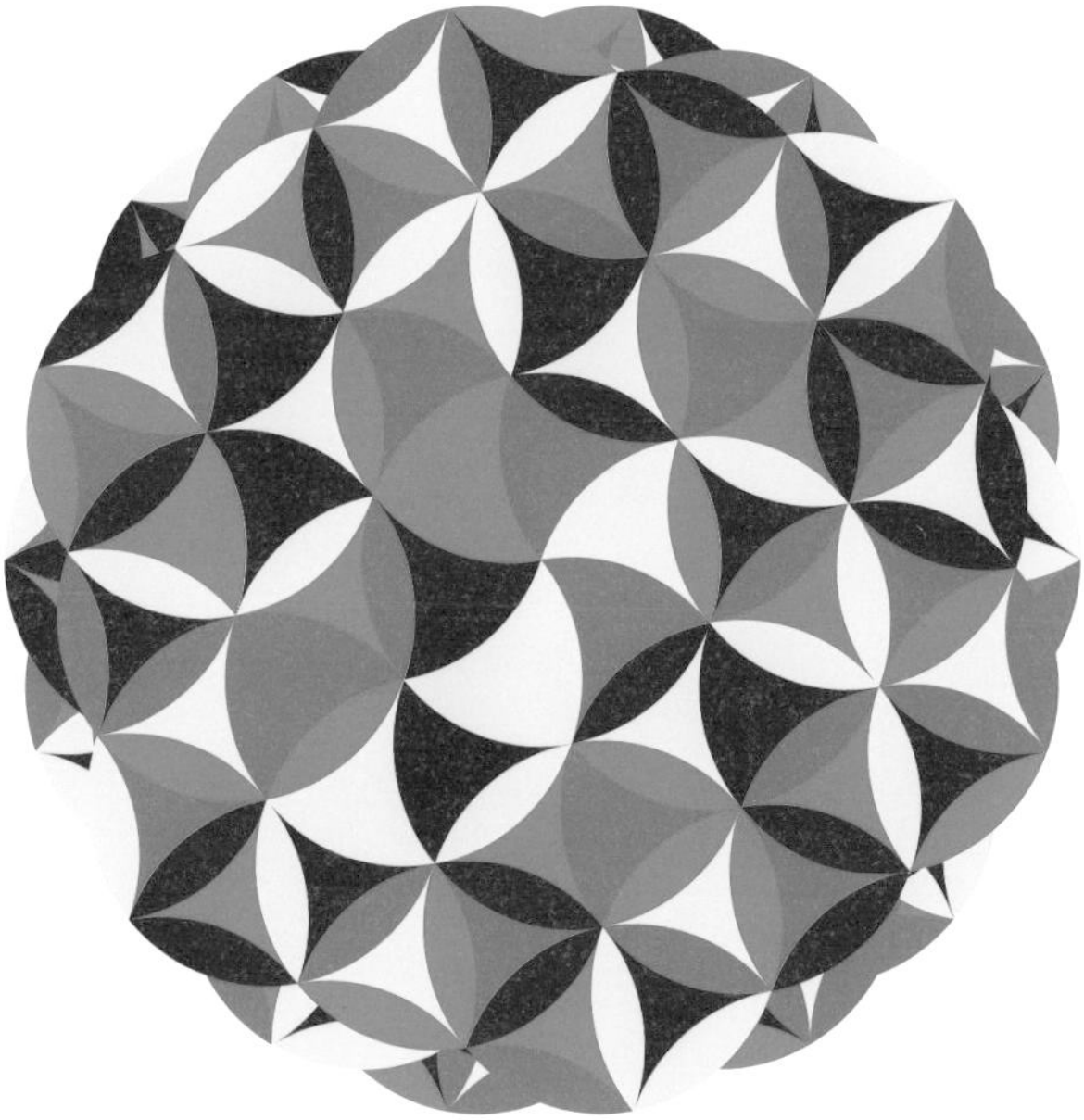

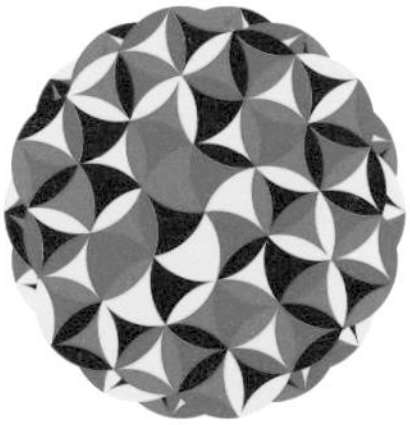

顕在意識

永遠に続く、
人のスピリットを表すクスリ絵です。
胸の中央に貼ることによって、
カタカムナの力を
完全に自分のものとすることができます。

潜在意識

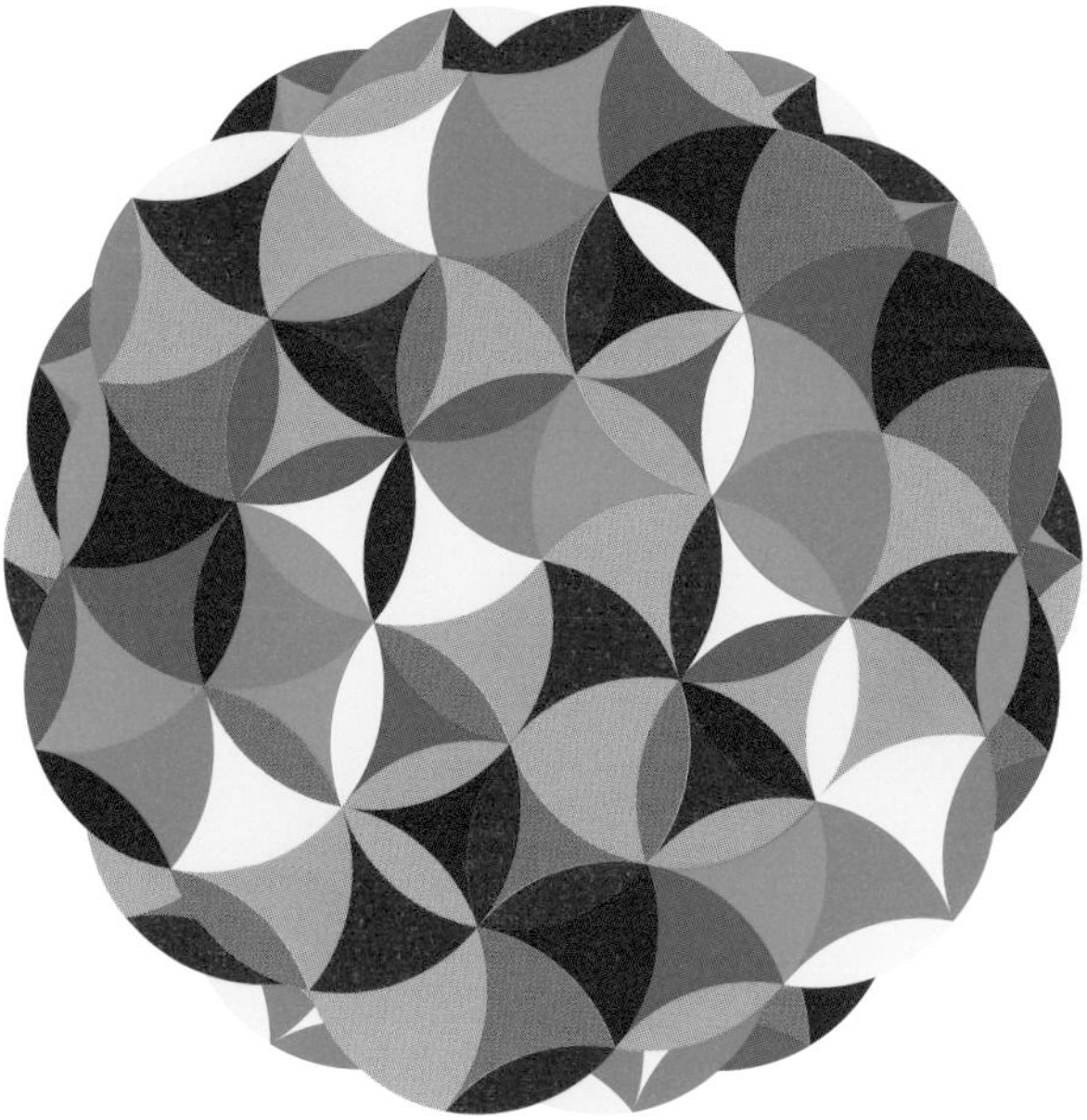

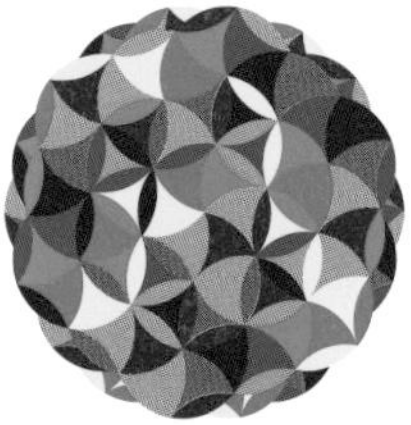

潜 在 意 識

今回の人生の
最高のパートナーである潜在意識。
この潜在意識の力を最大にするクスリ絵です。
絵を外側に向けて、
背中の上部に貼っておくと、
カタカムナの力を
完全に使いこなせるようになります。

第 10 章

魔法みたいなカタカムナ

意識を使った医学

カタカムナは魔法？

ウタヒを詠うことで、人はいつしか普段使う言葉の一つひとつにも生命を吹き込むことができるようになります。また、ウタヒをなぞるとウタヒが持つ固有の振動数と自分の意識を同調させることができます。すると、ウタヒと一対一で対応している次元の扉を開けることができます。

すると何かを言ったり思ったりするたびに、目の前の現実がよい方向に変化するようになります。たとえば、自分の身体の不調である部分に向かって「元気になれ」と言うだけで、本当によくなってしまうようなことが高い確率で起こります。身体だけでなく、人生に起こって欲しいことや夢を言葉にするだけで叶うようになります。

カタカムナが魔法だというのはこういった理由からです。

意識を使った医学

カタカムナ医学は意識を使った医学です。

人の意識がカタカムナの文字の音と形に作用して、人体や人体を取り巻く空間に変化が起こります。カタカムナ医学は、人に触れる必要がなく、また、まったくクスリを使わないのでさまざまな免許が要りません。特別な職業の人しか使えないということがなく、誰でも使うことができます。そして、カタカムナ医学を使ううちに、人の持つ意識の力が強くなります。すると、何もしなくても相手を視るだけで、相手の人の不調や症状、病気を消すことができるようになります。これは意識の次元が上がったために起こることです。

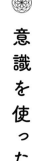

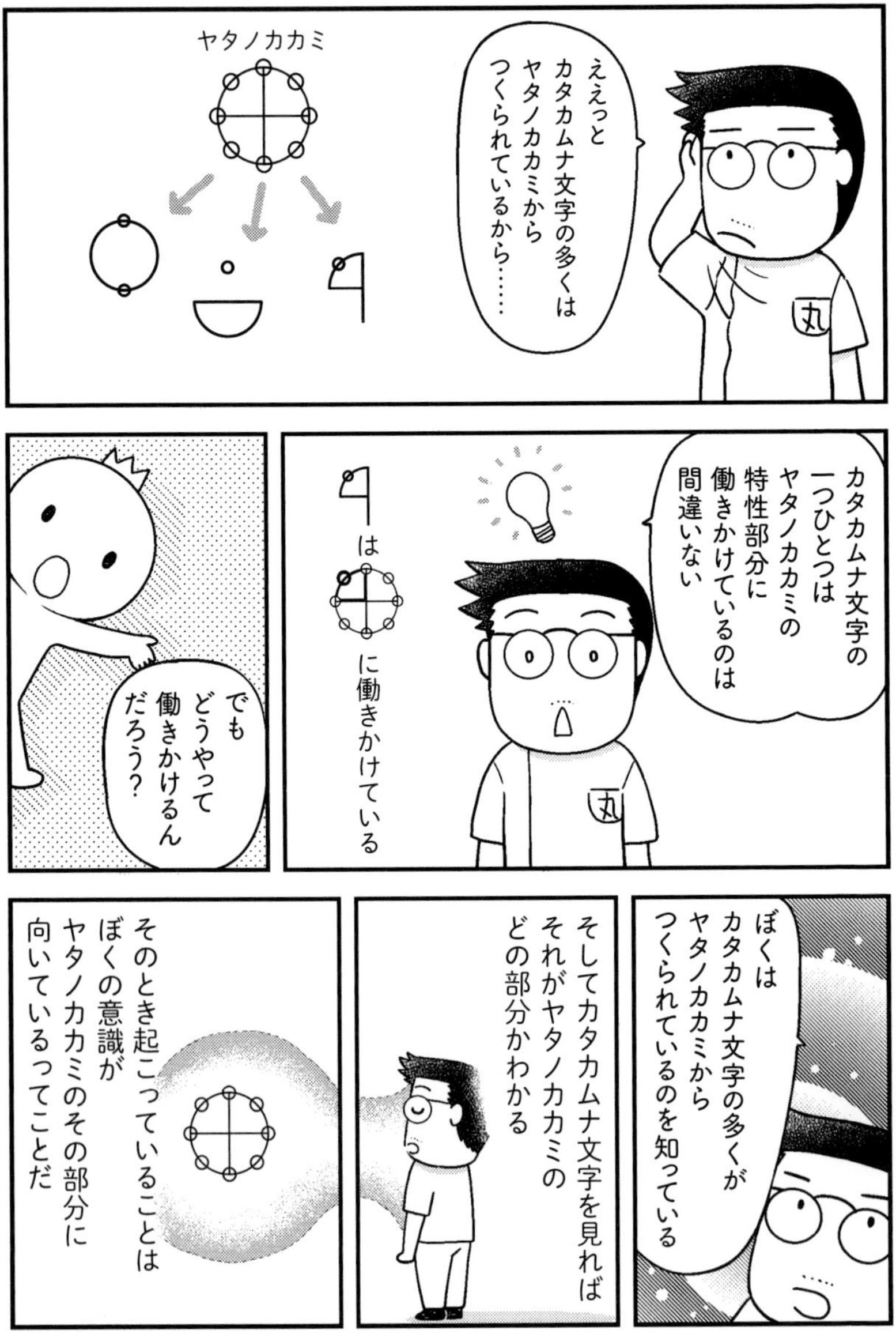
ええっと
カタカムナ文字の多くは
ヤタノカカミから
つくられているから……
ヤタノカカミ
カタカムナ文字の
一つひとつは
ヤタノカカミの
特性部分に
働きかけているのは
間違いない
は
に働きかけている
でも
どうやって
働きかけるん
だろう？
ぼくは
カタカムナ文字の多くが
ヤタノカカミから
つくられているのを知っている
そしてカタカムナ文字を見れば
それがヤタノカカミの
どの部分かわかる
そのとき起こっていることは
ぼくの意識が
ヤタノカカミのその部分に
向いているってことだ

人の意識とカタカムナ文字
そしてヤタノカカミが
共鳴すると人間を構成する
最小単位に影響を
与えることができる
1/10
1/1000
1/1000
原子 0.1nm
分子 1nm
細胞 100μm
昆虫卵 1mm
ナノメートル
マイクロメートル
これが本当だとすると
えらいことになるね
意識を使って
人を治すって
ことが
できることに
なる
痛み
医師でなくても
カタカムナと意識を
うまく使えば病状を消したり
病気を消したりできるって
ことだよね
うん
たしかに
そうだよね
カタカムナって
未来の医学になるかも
僕ももっと
カタカムナを
やってみよう!

今君がいった
ことからすると
意識は物質や
エネルギーに影響を
与えるっていうことが
いえそうだね
落ちろ〜
すると
人がカタカムナ文字を
見るだけでおおもとの
ヤタノカカミに
変化が起こることが
あるといえる
そしてもし
ヤタノカカミが
人体の最小単位である
原子核を自転しながらまわる
電子の運行を
表しているとしたら……
原子核
e
e
e
カタカムナ文字を
見るだけでも
ヤタノカカミと
共鳴が起こって
細胞の電子の運行が
よいほうに変わる
すると
人も元気になる
原子
細胞
これって
スゴイことじゃないかな

神聖幾何学クスリ絵

それでは本書の締めくくりとして、「神聖幾何学クスリ絵」を紹介しましょう。

「神聖幾何学クスリ絵」は、直線と円を組み合わせただけのモノクロームな世界。そこに空間を感じることもあれば、次元を感じることもあることでしょう。敏感な人なら、音や光、色を感じるかもしれません。

この世界は男性性と女性性によって創造されます。幾何学でいえば、直線と円で創造が起こるということです。直線と円に数が加わり、角度、大きさ、数が生まれ、それらが人体に作用します。

ぜひ、インスピレーションのおもむくまま、「神聖幾何学クスリ絵」に彩色して、時々眺めてみてください。そしてまた違うタイミングで色を塗れば、前回とは違った世界観が広がることでしょう。このように「神聖幾何学クスリ絵」とワークをすると、あなたの男性性と女性性を統合し、行動力と受容力のバランスが取れた人生を送れるかもしれません。

円 8

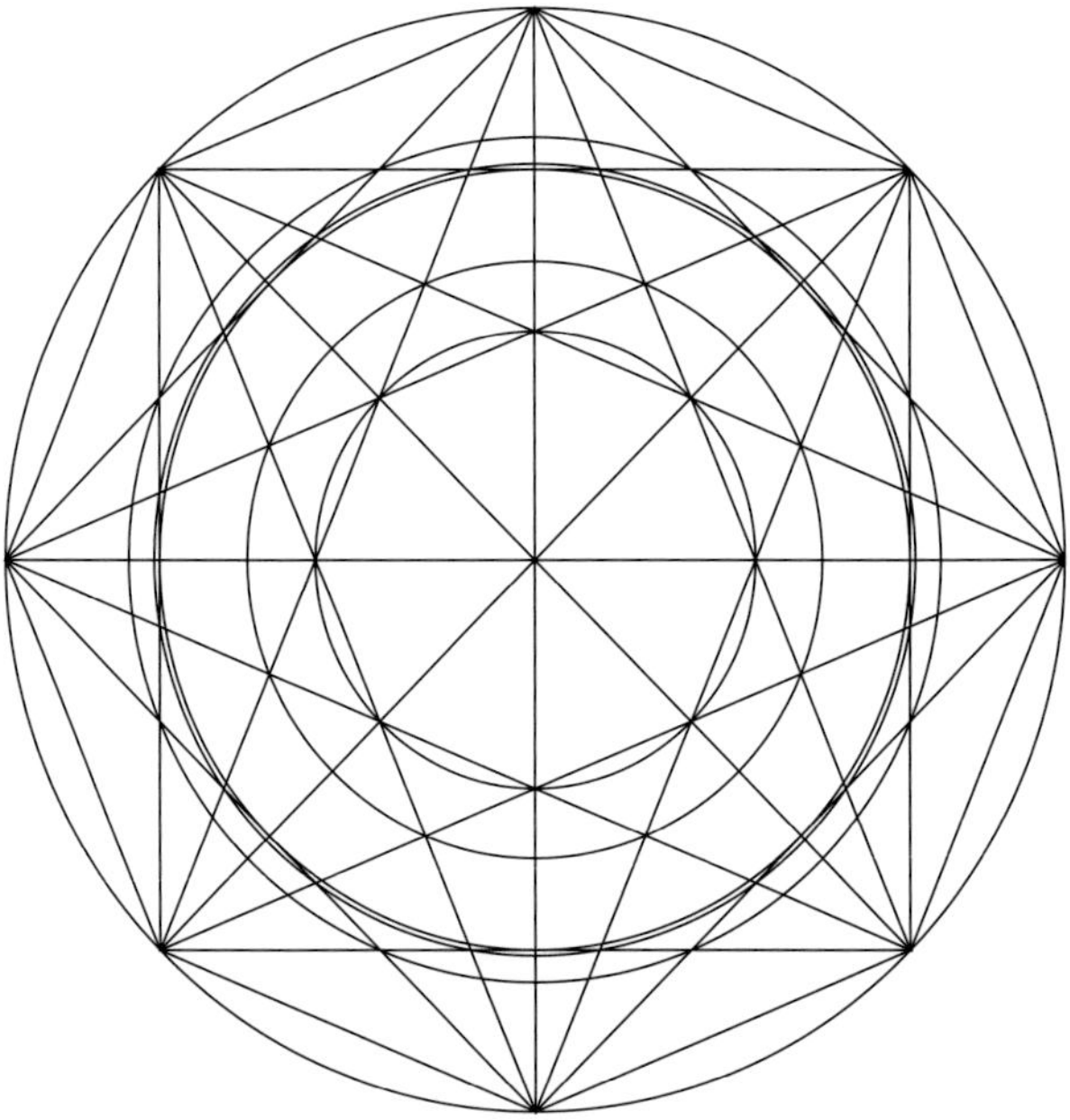

主要な八つの高次元空間とアクセスしやすくする図形です。これを繰り返し見ることによって、高次元エネルギーに包まれやすくなり、心身共にアップデートします。

円 13

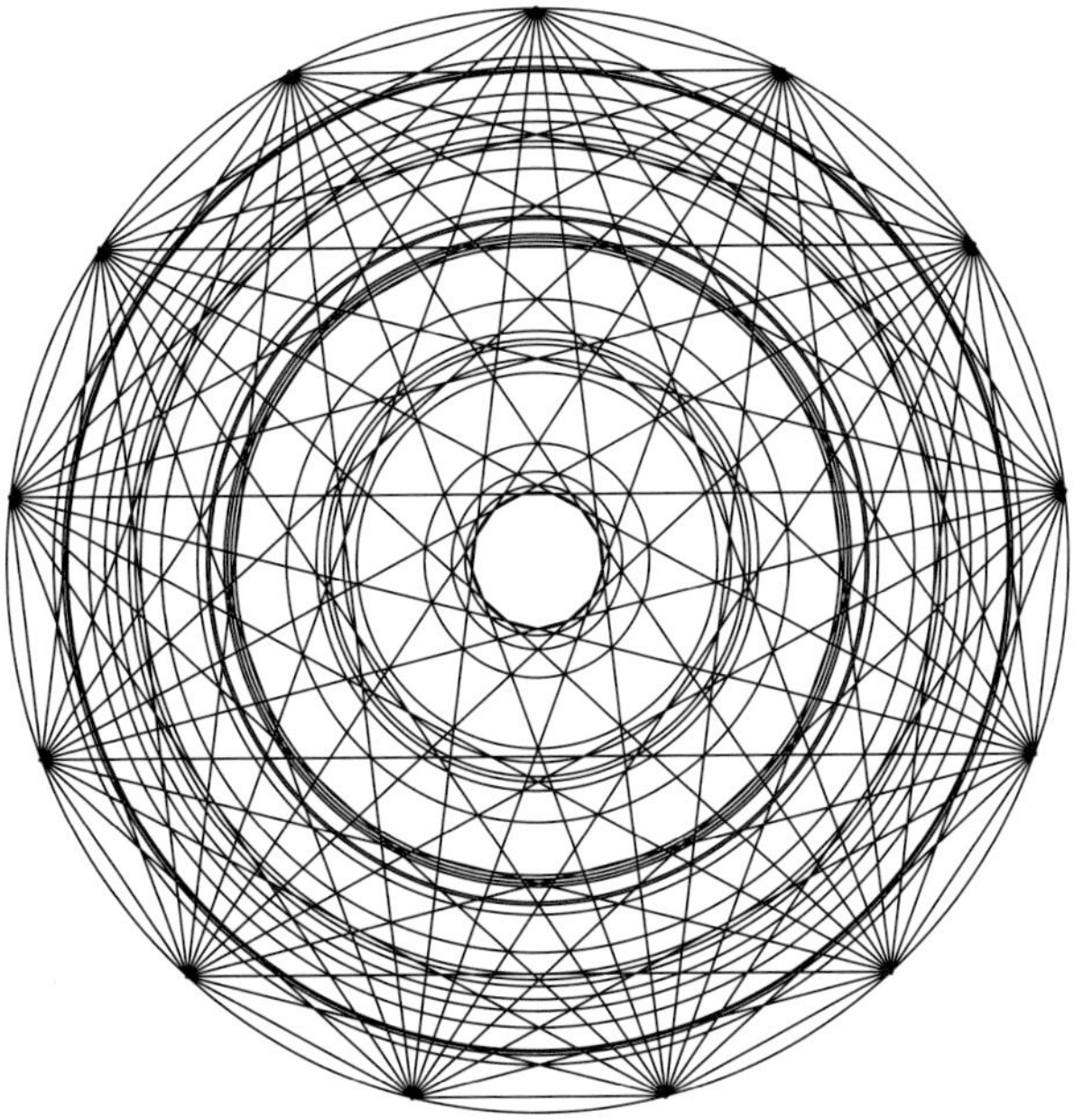

見えない世界と見える世界の橋渡しをする図形です。これを何度も繰り返し目に焼きつけるように見ていると、カタカムナの力が自分の中に入ってきます。

プライム360

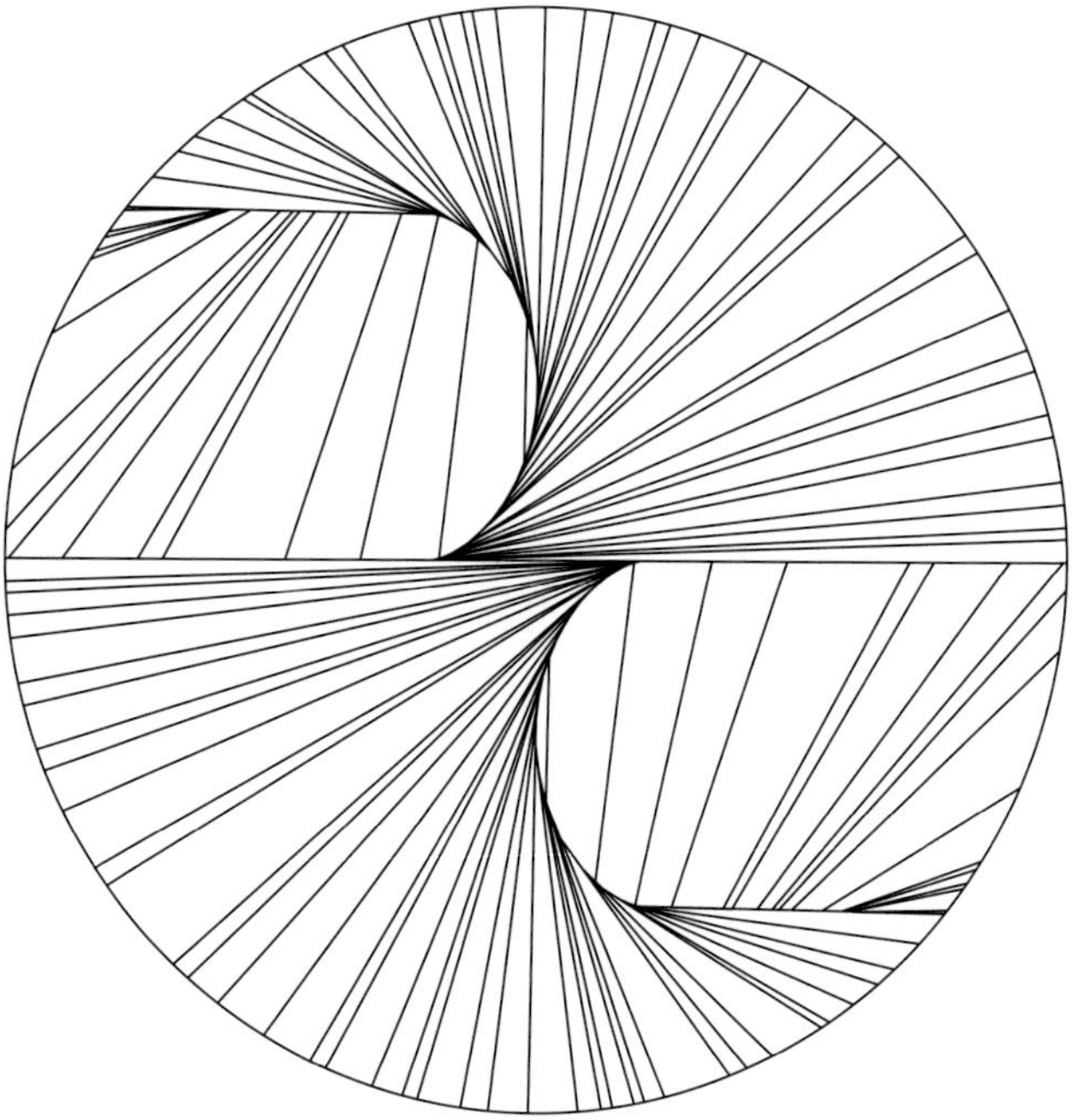

人の意識を360°の球体の意識に拡大します。それにより心身のバランスがとれます。

プライム2-137

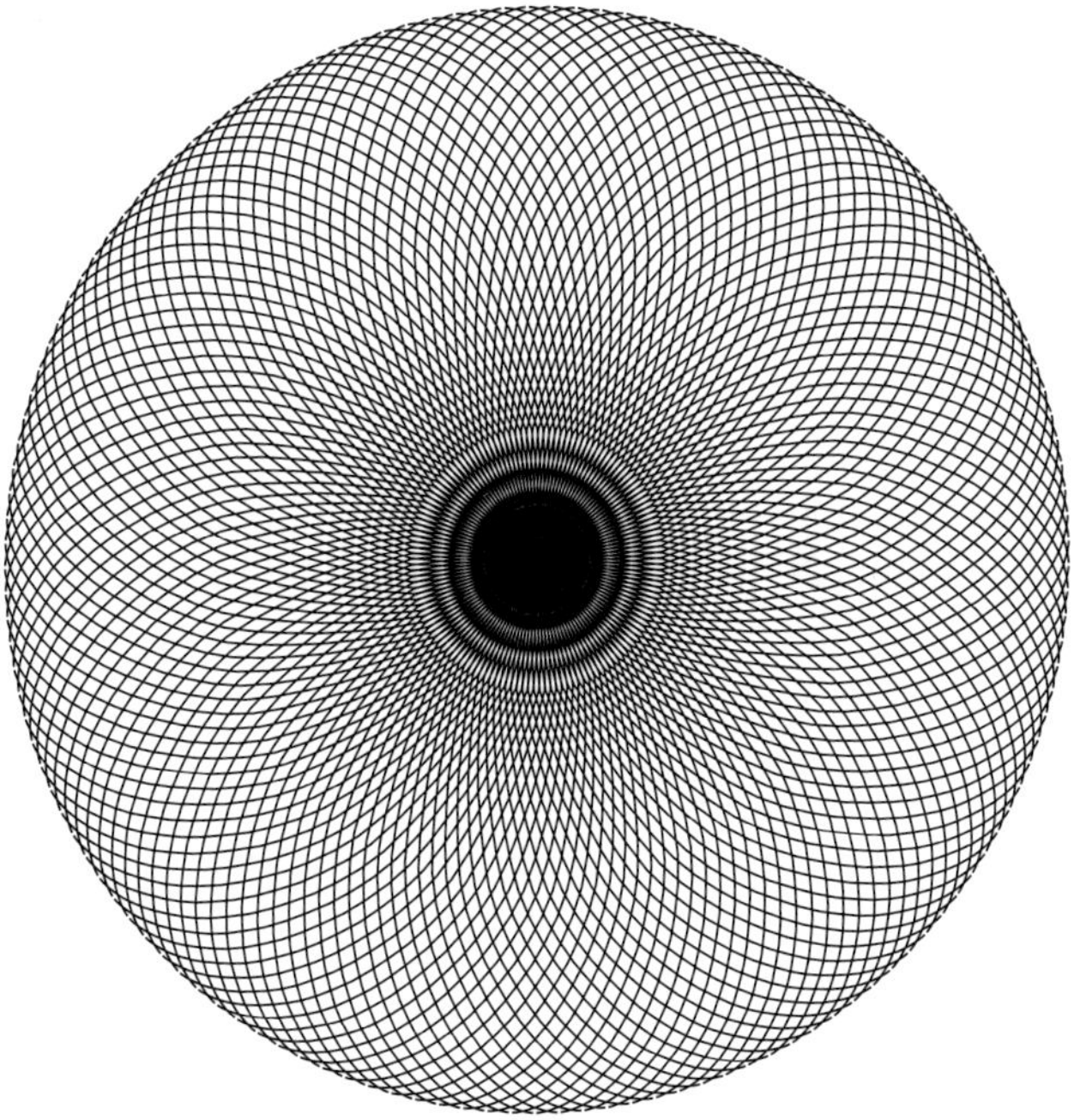

素数の角度、長さ、大きさから創り上げた図形です。物事をうまく回転させ発展させていきます

おわりに

カタカムナ人たちがウタヒに残した内容を理解するには、カタカムナ文字とウタヒ以外の知識が必要になります。古事記や日本書紀、ヲシテ文字（日本で古い時代に用いられていたとされる神代文字の一種）などはもちろんのこと、陰陽五行や洛書（古代中国で発祥した、易学などの元となる書）、最先端物理学、電気や磁気のことまで知っておく必要があります。

それほどウタヒの内容は深くて広範囲にわたっているのです。ただ幸いなことに、私のようにウタヒの内容をわかっていない者でもウタヒを医学として使うことができます。カタカムナ医学を一言でいうと、形と音の力を使って異常な細胞の電子のスピンを正常な状態に戻す医学だということです。その点を考慮し、今回特に電子のスピンを正常にする力が強い高次元ウタヒやカタカムナ天使文字で書いたウタヒを紹介させていただきました。

他にも、カタカムナの神様のクスリ絵、神聖幾何学クスリ絵を掲載しています。一冊の中にさまざまなウタヒ、クスリ絵がありますので、見たり触れたり飾ったりして活用してください。

今回出版の機会を与えてくださったフォレスト出版様、編集の水原敦子さんに感謝を述べさせていただきます。

最後までお読みくださり、ありがとうございました。

医学博士　丸山修寛

著者プロフィール

丸山修寛（まるやま・のぶひろ）

医学博士。医療法人社団丸山アレルギークリニック理事長。山形大学医学部卒業。東北大学病院第一内科で博士号を取得。「自分だけの喜びは、どんなに頑張ってもたかが一人分。他人（家族・友人・患者さんなどの自分以外の人）も幸せにすれば、喜びも自分の分も+人数分になる。そうすれば無限大まで喜べる」をモットーに、治療や研究に日々精進している。ウェブサイトにて、研究活動の直筆マンガ「丸山修寛の呟き」を日々更新中。また、幸せになる情報マガジン『丸ちゃん通信』も発行している。東洋医学と西洋医学に加え、電磁波除去療法、波動や高次元医療、音叉療法、色や形の持つ力を研究し、見る・触れるだけで不調をケアできる“クスリ絵”を開発。これら独自の治療法は、多くのメディアで取り上げられている。

著書『カタカムナ生命の書　図像集2』（本田印刷）、『魔法みたいな奇跡の言葉　カタカムナ』（静風社）、『あなたの潜在能力が発火する最強のクスリ絵』（フォレスト出版）、『超古代の最先端医学　カタカムナの活用術』（ビオ・マガジン）他、「クスリ絵」シリーズは好評を博しベストセラーに。

また、オリジナルDVD「奇跡の医学 カタカムナ ～一瞬で痛みを消し去り 症状、病気を癒す」「治療家のためのカタカムナセミナーDVD」も手掛け、カタカムナ理解の手助けをしている。

http://maruyamanobuhiro.com/dvd_top.html

丸山アレルギークリニック
http://maru-all.com/
丸山修寛公式ホームページ
http://maruyamanobuhiro.com/

ブックデザイン　山田知子＋門倉直美（chichols）
校正　永田和恵
DTP　株式会社キャップス
協力　田岡祐子（株式会社ユニカ）
プロデューサー　水原敦子

最強のクスリ絵

高次元カタカムナとカタカムナ天使文字

2023年 3 月 4 日　初版発行
2024年11月29日　 4 刷発行

著者　丸山 修寛

発行者　太田　宏
発行所　フォレスト出版株式会社
〒162-0824
東京都新宿区揚場町2-18　白宝ビル7F
電話 03-5229-5750（営業）
03-5229-5757（編集）
URL https://www.forestpub.co.jp

印刷・製本　萩原印刷株式会社

ISBN 978-4-86680-220-6 Printed in Japan

魂が完全に進化し
あらゆる不具合が癒やされていく。
潜在能力を目覚めさせる
伝説のメソッドを紹介!

「あなたの潜在能力が発火する
最強のクスリ絵」

丸山修寛 著

定価 本体1760円⑩

スペシャル
クスリ絵を
ダウンロード!

潜在意識と顕在意識を統合して
潜在能力を目覚めさせるクスリ絵も収めました。
切って、貼って、あなたのより良い人生に
お役立てください。